石油科技知识系列读本

SHIYOU KEJI ZHISHI XILIE DUBEN

石油工业概论

The Petroleum Industry: A Nontechnical Guide

作者：Charles F. Conaway
翻译：高群峰
审校：刘海洋

石油工业出版社

内 容 提 要

本书在讲述石油工业简史的基础上，介绍了地球的形成、油气的生成和聚集、石油的勘探和开发、炼油和石化以及石油的销售。本书揭开了地球物理学家、油藏工程师等专业人员的神秘面纱，使一个石油的门外汉也可以有机会一窥石油工业的堂奥。

本书内容深入浅出、文字通俗、语句流畅、图文并茂，是一本对石油工业概况了解的学习参考书。

图书在版编目（CIP）数据

石油工业概论 /（美）Charles F. Conaway 著；高群峰译 .
北京：石油工业出版社，2009.12
（石油科技知识系列读本）
书名原文：The Petroleum Industry
ISBN 978—7—5021—7154—4

Ⅰ. 石…
Ⅱ. ① C… ② 高…
Ⅲ. 石油工业 — 概论
Ⅳ. TE

中国版本图书馆 CIP 数据核字（2009）第 078344 号

本书经 PennWell Publishing Company 授权翻译出版，中文版权归石油工业出版社所有，侵权必究。著作权合同登记号：图字 01-2002-3655

出版发行：石油工业出版社
　　　　　（北京安定门外安华里 2 区 1 号　100011）
网　　址：www.petropub.com.cn
发 行 部：(010) 64523620
经　　销：全国新华书店
印　　刷：石油工业出版社印刷厂

2009 年 12 月第 1 版　2009 年 12 月第 1 次印刷
787×960 毫米　开本：1/16　印张：13
字数：216 千字

定价：35.00 元
（如出现印装质量问题，我社发行部负责调换）

版权所有，翻印必究

《石油科技知识系列读本》编委会

主　　任：王宜林
副 主 任：刘振武　袁士义　白泽生
编　　委：金　华　何盛宝　　　张　镇
　　　　　刘炳义　刘喜林　刘克雨　孙星云

翻译审校：（按姓氏笔画排列）

尹志红　王　震　王大锐　王鸿雁　王新元
王瑞华　艾　池　乔　柯　刘　刚　刘云生
刘怀山　刘建达　刘欣梅　刘海洋　孙晓春
朱珊珊　吴剑锋　张　颖　张国忠　李　旭
李　莉　李大荣　李凤升　李长俊　李旭红
杨向平　杨金华　汪先珍　苏宇凯　邵　强
胡月亭　赵俊平　赵洪才　唐　红　钱　华
高淑梅　高雄厚　高群峰　康新荣　曹文杰
梁　猛　阎子峰　黄　革　黄文芬　黎发文

丛 书 序 言

　　石油天然气是一种不可再生的能源，也是一种重要的战略资源。随着世界经济的发展，地缘政治的变化，世界能源市场特别是石油天然气市场的竞争正在不断加剧。

　　我国改革开放以来，石油需求大体走过了由平缓增长到快速增长的过程。"十五"末的2005年，全国石油消费量达到3.2亿吨，比2000年净增0.94亿吨，年均增长1880万吨，平均增长速度达7.3%。到2008年，全国石油消费量达到3.65亿吨。中国石油有关研究部门预测，2009年中国原油消费量约为3.79亿吨。虽然增速有所放缓，但从现在到2020年的十多年时间里，我国经济仍将保持较高发展速度，工业化进程特别是交通运输和石化等高耗油工业的发展将明显加快，我国石油安全风险将进一步加大。

　　中国石油作为国有重要骨干企业和中央企业，在我国国民经济发展和保障国家能源安全中，承担着重大责任和光荣使命。针对这样一种形势，中国石油以全球视野审视世界能源发展格局，把握国际大石油公司的发展趋势，从肩负的经济、政治、社会三大责任和保障国家能源安全的重大使命出发，提出了今后一个时期把中国石油建设成为综合性国际能源公司的奋斗目标。

　　中国石油要建设的综合性国际能源公司，既具有国际能源公司的一般特征，又具有中国石油的特色。其基本内涵是：以油气业务为核心，拥有合理的相关业务结构和较为完善的业务链，上下游一体化运作，国内外业务统筹协调，油公司与工程技术服务公司等整体协作，具有国际竞争力的跨国经营企业。

　　经过多年的发展，中国石油已经具备了相当的规模实力，在国内勘探开发领域居于主导地位，是国内最大的油气生产商和供应商，也是国内最大的炼油化工生产供应商之一，并具有强大的工程技术服务能力和施工建设能力。在全球500家大公司中排名第25位，在世界50家大石油公司中排名第5位。

尽管如此，目前中国石油仍然是一个以国内业务为主的公司，国际竞争力不强；业务结构、生产布局不够合理，炼化和销售业务实力较弱，新能源业务刚刚起步；企业劳动生产率低，管理水平、技术水平和盈利水平与国际大公司相比差距较大；企业改革发展稳定中的一些深层次矛盾尚未根本解决。

党的十七大报告指出，当今世界正在发生广泛而深刻的变化，当代中国正在发生广泛而深刻的变革。机遇前所未有，挑战也前所未有，机遇大于挑战。新的形势给我们提出了新的要求。为了让各级管理干部、技术干部能够在较短时间内系统、深入、全面地了解和学习石油专业技术知识，掌握现代管理方法和经验，石油工业出版社组织翻译出版了这套《石油科技知识系列读本》。整体翻译出版国外已成系列的此类图书，既可以从一定意义上满足石油职工学习石油科技知识的需求，也有助于了解西方国家有关石油工业的一些新政策、新理念和新技术。

希望这套丛书的出版，有助于推动广大石油干部职工加强学习，不断提高理论素养、知识水平、业务本领、工作能力。进而，促进中国石油建设综合性国际能源公司这一宏伟目标的早日实现。

2009年3月

丛 书 前 言

为了满足各级科技人员、技术干部、管理干部学习石油专业技术知识和了解国际石油管理方法与经验的需要，我们整体组织翻译出版了这套由美国 PennWell 出版公司出版的石油科技知识系列读本。PennWell 出版公司是一家以出版石油科技图书为主的专业出版公司，多年来一直坚持这一领域图书的出版，在西方石油行业具有较大的影响，出版的石油科技图书具有比较高的质量和水平，这套丛书是该社历时 10 余年时间组织编辑出版的。

本次组织翻译出版的是这套丛书中的 20 种，包括《能源概论》、《能源营销》、《能源期货与期权交易基础》、《石油工业概论》、《石油勘探与开发》、《储层地震学》、《石油钻井》、《石油测井》、《油气开采》、《石油炼制》、《石油加工催化剂》、《石油化学品》、《天然气概论》、《天然气与电力》、《油气管道概论》、《石油航运（第Ⅰ卷）》、《石油航运（第Ⅱ卷）》、《石油经济导论》、《油公司财务分析》、《油气税制概论》。希望这套丛书能够成为一套实用性强的石油科技知识系列图书，成为一套在石油干部职工中普及科技知识和石油管理知识的好教材。

这套丛书原名为 "Nontechnical Language Series"，直接翻译成中文即"非专业语言系列图书"，实际上是供非本专业技术人员阅读使用的，按照我们的习惯，也可以称作石油科技知识通俗读本。这里所称的技术人员特指在本专业有较深造诣的专家，而不是我们一般意义上所指的科技人员。因而，我们按照其本来的含义，并结合汉语习惯和我国的惯例，最终将其定名为《石油科技知识系列读本》。

总体来看，这套丛书具有以下几个特点：

（1）题目涵盖面广，从上游到下游，既涵盖石油勘探与开发、工程技术、炼油化工、储运销售，又包括石油经济管理知识和能源概论；

（2）内容安排适度，特别适合广大石油干部职工学习石油科技知识和经济管理知识之用；

（3）文字表达简洁，通俗易懂，真正突出适用于非专业技术人员阅读和学习；

（4）形式设计活泼、新颖，其中有多种图书还配有各类图表，表现直观、可读性强。

本套丛书由中国石油天然气集团公司科技管理部牵头组织，石油工业出版社具体安排落实。

在丛书引进、翻译、审校、编排、出版等一系列工作中，很多单位给予了大力支持。参与丛书翻译和审校工作的人员既包括中国石油天然气集团公司机关有关部门和所属辽河油田、石油勘探开发研究院的同志，也包括中国石油化工集团公司江汉油田的同志，还包括清华大学、中国海洋大学、中国石油大学（北京）、中国石油大学（华东）、大庆石油学院、西南石油大学等院校的教授和专家，以及BP、斯伦贝谢等跨国公司的专家学者等。需要特别提及的是，在此项工作的前期，从事石油科技管理工作的老领导傅诚德先生对于这套丛书的版权引进和翻译工作给予了热情指导和积极帮助。在此，向所有对本系列图书翻译出版工作给予大力支持的领导和同志们致以崇高的敬意和衷心的感谢！

由于时间紧迫，加之水平所限，丛书难免存在翻译、审校和编辑等方面的疏漏和差错，恳请读者提出批评意见，以便我们下一步加以改正。

《石油科技知识系列读本》编辑组

2009年6月

前　　言

本书成形于作者多年从事的油气咨询公司（OGCI）基础石油技术培训教学工作。本书的写作基于以下两点考虑：

（1）我们对周围人的工作性质了解越多，我们对公司的价值也就越高。

（2）即使是再高深的技术领域也是容易作一大概了解的。

作者写作本书的目的是欲揭开地球物理专家、油藏工程师等专业人员的神秘面纱，以使一个石油的门外汉也可以有机会一窥石油工业的堂奥。这里我们遇到的一个障碍是令人生畏的大量术语，正是这些术语使得那些石油专家显得莫测高深、遥不可及。因此书中要不断地使用并解释这些石油专用术语。读者要做好心理准备，因为这些术语往往会有着出乎意料的意思，比如"狗腿"、"鼠洞"或"落鱼"等。

书中各章节按照时间顺序编排。我们会从地球的形成谈起，接着谈到油气的形成及聚集，以及后续的勘探开发及销售。因为石油工业从根本上讲是一种商业行为，因此，经济及技术的双重考虑在每一步介绍中都得到了体现。

作者的目标是为读者提供一个比较容易掌握的，并对石油工业的总体了解。读者在基本了解及掌握了相当术语的基础上就可以有足够的自信向专业人员作进一步的探讨请教了。

Charles F.Conaway

目　　录

石油工业简史 ·· 1

1　地球的形成 ·· 5
1.1　地球的起源 ··· 5
1.2　地球的构造 ··· 5
1.3　构造运动——改变地壳形状的运动 ···································· 6
1.4　岩石的类型 ··· 9
1.5　沉积岩的形成 ··· 9
1.6　地质构造 ··· 12
1.7　陆地地貌 ··· 14

2　油气的生成和聚集 ·· 18
2.1　石油的生成 ··· 18
2.2　石油的化学构成 ··· 20
2.3　油藏岩石的性质 ··· 22
2.4　油气的运移和圈闭 ··· 26
2.5　油藏压力 ··· 30

3　石油勘探 ··· 33
3.1　地质勘探 ··· 33
3.2　历史上的勘探实践 ··· 34
3.3　地震勘探 ··· 36
3.4　其他地质工具 ··· 39

4　合同及法规 ··· 43
4.1　土地所有权 ··· 43
4.2　在美国获采矿权 ··· 43
4.3　监管法规 ··· 46
4.4　国际石油合同 ··· 49

5　油藏动态 ··· 52
5.1　油藏流体 ··· 52
5.2　油藏——一次采油 ··· 55
5.3　气藏 ·· 59

  5.4 注水驱 ··· 60

  5.5 热力采油 ·· 64

  5.6 混相驱 ··· 66

  5.7 流度比的改善 ·· 68

  5.8 微生物驱油 ·· 68

  5.9 油气储量 ·· 69

6 钻井 ··· 72

  6.1 简介 ·· 72

  6.2 早期的钻机 ·· 72

  6.3 旋转钻井系统 ·· 73

  6.4 常规钻井过程 ·· 79

  6.5 井控 ·· 81

  6.6 解卡 ·· 84

  6.7 定向钻井 ·· 86

  6.8 钻机搬迁 ·· 89

  6.9 合同及人员 ·· 92

7 地层评价 ··· 93

  7.1 数据要求 ·· 93

  7.2 钻井数据 ·· 95

  7.3 钻井液数据 ·· 95

  7.4 取心 ·· 96

  7.5 试油 ·· 98

  7.6 裸眼测井 ·· 101

  7.7 地层流体取样 ·· 105

8 完井 ··· 106

  8.1 下套管 ··· 106

  8.2 固井 ·· 109

  8.3 套管射孔 ·· 112

  8.4 油井增产措施 ·· 115

  8.5 防砂 ·· 118

  8.6 油井生产管柱及井口设备 ··· 121

9 油田评价及开发 ·· 125

  9.1 陆上开发 ·· 125

  9.2 水上开发 ·· 129

9.3	井场准备	131
9.4	修井	135

10 人工举升 137

10.1	自喷	137
10.2	有杆泵抽油	140
10.3	气举	144
10.4	电潜泵	146
10.5	其他举升系统	147

11 地面设备 148

11.1	各种地面设备	148
11.2	设备系统	153
11.3	地面设备布置	160

12 天然气 163

12.1	偏远气田	163
12.2	天然气的现场处理	163
12.3	多余伴生气的处理	164
12.4	天然气处理	165
12.5	天然气管线	166
12.6	液化天然气	166
12.7	天然气制油	168

13 炼油及石油化工 170

13.1	原料	170
13.2	流程	172
13.3	石油化工产品	176

14 石油的销售 178

14.1	原油销售	178
14.2	石油输出国组织（OPEC）	178
14.3	天然气市场	179
14.4	炼油产品及石油化工产品市场	180

名词解释 182

石油工业简史

　　石油工业的形成，既非一蹴而就，又非历时百年。欧洲历史早期，石油就被用来作为疗伤的药膏或是战争中的火攻武器。1854年左右，在东欧出现了石油工业的萌芽，人们采用农用的杵来掘井采油。采出来的原油被用来提炼煤油，用作廉价煤油灯的燃料。到了1859年，煤油生意已经逐渐兴盛起来。当年欧洲全年的原油产量达到了36000桶❶，主要产自西班牙的加利西亚以及罗马尼亚。当时，东欧关键欠缺的是钻井技术。

　　这个问题被一个名叫乔治·比斯尔的人通过不懈努力解决了。比斯尔意识到可以采用开凿盐井的方式来开凿油井。原油当时被称为"岩石油"，被当作是凿盐过程中带出来的令人生厌的副产品。比斯尔吸引到了一些投资人后，成立了宾夕法尼亚石油公司。他们的第一个目标是找到一处有钻探前景的地区，然后找到合适的钻井人员来完成这一工作。这时，一位名叫埃德温·L·德雷克的人出现了。他与宾夕法尼亚石油公司的主要投资人之一在宾馆的一次偶遇后，被该投资人推荐来主持钻井工作。推荐他的这名投资人名叫詹姆士·汤森，是一位纽黑文的银行家。他被德雷克的言谈举止所打动，甚至劝说他购买公司的股票。1857年，汤森派德雷克在宾夕法尼亚州的蒂图斯维尔征到了一块土地，接下来就开始打井。可惜不尽如人意的是，当地的钻盐工人对工作不够忠诚，很多人中途就打了退堂鼓，找别的活儿去了。直到1859年的春天，公司才幸运地找到了满意的钻井人员——"比利大叔"威廉·史密斯及他的两个儿子。史密斯是当地的一名铁匠，专门打制钻盐工具，对于石油钻井需要哪些工具，颇有一些知识。工作开展起来以后，投资人的钱一天天迅速地被项目吸进去，最后大部分人都停止了对项目的投入。汤森成了相信该项目一定会成功的唯一投资人，他甚至不惜自掏腰包对项目进行资助。就在最终连汤森也失去了信心，发函让德雷克停止作业的那一周，奇迹发生了。1859年8月27日，钻杆掉到一个裂缝中，又下滑了6英尺❷；德雷克钻到原油了。

---

❶ 1桶=158.987升。

❶ 1英尺=0.3048米。

德雷克打到的这口井没有自喷能力，原油需要用手工泵到地面。该井的成功掀起了一场堪与当年加利福尼亚州"淘金热"相比的原油"淘金热"。这一热潮带来了一个新的工业时代。油井如雨后春笋般在蒂图斯维尔地区出现，不过这些油井由于不具备自喷能力，产量仅徘徊在50桶/天左右。1861年，事情出现了转折，人们打到了世界上第一口自喷油井，产量达到了3000桶/天。1860年全年的产量仅徘徊在45万桶，1862年这一数字就飞跃到了300万桶/年。不幸的是，由于供大于求，油价直线下降，1862年当年的油价就从最初的10美元/桶一路跌到了10美分/桶以下，许多生产商深受其害。另一方面，这种大降价也从煤成油及其他照明用油那里抢得了相当一部分市场，对宾夕法尼亚石油公司石油的需求旋即增长了起来。

开放的市场以及巨大的利润使得稍有资金及钻井技术的个体商人纷纷加入钻油行业。由于缺乏秩序，导致过度生产，使得石油零售价格变得飘忽不定。当时的人们还根本不了解原油生产过程中地下发生的情况，石油地质还是一门闻所未闻的学科。人们认为找到原油凭的是运气和"嗅"到石油的天赋。直到后来，地质学家们才受邀加入进来，深入研究了油气储藏与地层构造及组成的关系。一个典型的例子是来自得克萨斯州博蒙特的机械师和木材商人帕提罗·希金斯，他深信在一座称为"纺锤顶"的山下埋藏着石油。在对该山无数次的实地考察中，他注意到山泉中常有气泡冒出。有一次，他拿一根木棍捅进一个山泉旁的土地，有天然气溢了出来。然而，每一名到该地考察过的地质专家都认为希金斯在痴人说梦，没人相信那儿真的有石油。由于被权威集团所否定，希金斯找不到一个支持他的人。然而，在坚持不懈的努力下，通过广告的方式，他最终找到了一个人来帮助他打井，这个人叫安东尼·F·卢卡斯。此人在盐丘硫磺钻探领域很有经验。两人此后得到了詹姆士·葛菲和约翰·加利合办的公司的赞助。该公司此前已经在堪萨斯州开发了美国中部第一个大油田。该公司的经验在钻探纺锤顶油区的过程中发挥了重要作用。1901年10月10日，在投入了两年努力后，卢卡斯和希金斯打到了当时为止最大的一口自喷井——卢卡斯1井。该井每天的产量达到了75000桶。这一事件掀起了美国西南部的石油潮，先是从得克萨斯州和路易斯安那州墨西哥湾沿岸地区的其他盐丘开始，一路扩展到了俄克拉何马州，并于1905年在那里发现了巨型的GlennPool油田。最后，原油潮扩展到了得克萨斯州北部。

原油产量的增加并不是完全来自新油田的发现，其相当一部分来自破坏性争夺开采。由于大家都在同一地区开采,在缺乏相关地质知识和油井生产知识的情况下,每个人都竭力开采,多多益善,以防对手占了便宜。这种无序竞争和过度生产导致了油价不稳及产品浪费。

石油工业的起步时期,运输上也是极其混乱。在往铁路运输的过程中,遭遇沿路设卡,被索取高额过路费的情况时有发生。针对这种情况,一套木制管线被建造了起来,用来高效廉价地将石油输往铁路线。截至1866年,产油区已经建立了一套管网系统,并有干线连接至铁路车站。

洛克菲勒与标准石油公司

约翰·戴维森·洛克菲勒1839年出生于纽约州乡下,在经历了近一个世纪的人生岁月后,于1937年去世。洛克菲勒小时候,举家搬到了俄亥俄州。在他还是一名十几岁的少年时,就开始了雄心勃勃的生意尝试。当铁路延伸到克里夫兰时,他已经拥有了当地最大的炼油厂。靠着自己的积蓄和投资人的赞助,洛克菲勒全身心地投入到了石油生意中。他不断投资兴建新的炼油厂和公司。1866年,他的公司销售额超过了两百万美元。在此基础上,洛克菲勒将石油行业的其他业务如生产和销售也一一整合进了他的公司。随着公司业务的壮大,他变得越来越不能容忍当时石油行业普遍存在的缺乏组织、飘摇不定和伪劣产品等弊端。太多的个体生产者导致了过度生产和价格不稳。由于产品质量监管方面的真空,石油产品质量无法得到保障,一些劣质甚至有害的产品充斥市场。比如一些含汽油成分过高的煤油,在用于煤油灯照明时,可能会发生致命的爆炸。洛克菲勒的标准石油公司通过系统地消灭或兼并其竞争对手来达到稳定石油行业的目的。洛克菲勒要么会与感兴趣的公司直接接触,直截了当地要求买下或兼并它,或是等待下一次由于过度生产导致油价低迷时趁火打劫买下竞争对手。更有时会采用压低当地原油价格的方法使对手陷入亏本运营,最后不得不缴械投降。洛克菲勒时常会暗中采用诡计打压对手。其中一个著名的例子涉及"南方发展公司"(South Improvement Company)。铁路运营商给南方发展公司这样有连续业务的大客户打折,使得该公司有能力进一步降低销售价格。此外,南方公司还从铁路那里得到了一种"退税"待遇,即小客户缴纳的运营税,被部分地拿出来奖励给南方发展公司这样的大客户。

此后,洛克菲勒将标准石油公司改造成了股份公司,在进一步扩大公司利润的同时依然保持大权在握。其事业一帆风顺，截至1879年战争结束，他已经控制了全美国90%的炼油业。与此同时，石油运输的低效浪费问题也被标准石油公司所一举解决。木桶被彻底淘汰，取而代之的是火车装载的钢制油罐和公路上的马拉油罐车。

  洛克菲勒不是世界石油舞台上的唯一玩家。俄国的诺贝尔兄弟（罗伯特、路德维格和阿尔弗里德三兄弟）石油公司、由法国罗思柴尔德家族赞助的俄国第二大石油公司 Bunge & Palashkovsky 石油公司都是其国际竞争对手。英国的塞缪尔兄弟日后也在罗思柴尔德家族的资助下加入了竞争行列，他们发明的新型安全油轮对石油的海上运输产生了革命性的影响。荷兰人也不甘落后，安昆·邵克在荷兰国王威廉三世的监督和支持下，成立了皇家荷兰石油公司。这些国际竞争者令标准石油公司加大了进军海外的力度。哪里有竞争者，哪里就能找到标准石油公司的身影。然而，这些强硬的国际竞争者没有一个在洛克菲勒强大的石油帝国面前乖乖就范。

  19世纪后半叶，电力行业的发展，特别是电灯的普及，使人们纷纷离开照明用油，导致石油生意一度低迷。好在1895年巴黎至波尔多往返的汽车赛上内燃机汽车每小时15英里❶的杰出表现使得石油业找到了新的市场。汽油，这种早期炼油业的副产品，摇身一变成了主打产品之一。此后，工厂、轮船及火车都相继从煤炭转向了石油这种高效的能源燃料。

---

❶ 1英里=1.609千米。

1 地球的形成

1.1 地球的起源

关于地球形成的确切机理至今仍存在争论。不过,围绕着大爆炸理论已经达成了相当程度的共识。该理论认为,宇宙中所有的物质(指除了空间以外的一切)都被压缩成了质量无比巨大的一点,然后,由于巨大的压缩力而发生大爆炸。爆炸形成的宇宙尘在宇宙中飞散。最后,重力作用将这些宇宙尘聚集在一起,密度变大,形成了恒星和行星。

1.2 地球的构造

重力作用使得密度较大的物质,比如铁和镍,集中到了地球的中心,形成了地球的地核(图1-1)。通过对穿越地球的地震波的研究,地震学家们认为地核主要由液态物质构成,其核为固态。

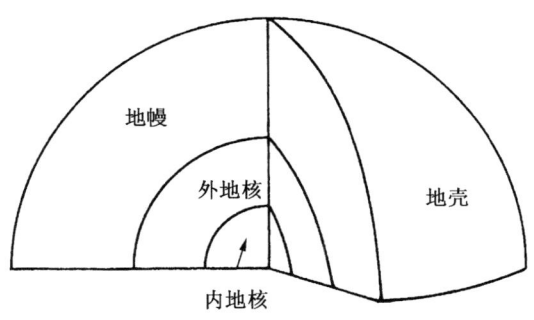

图 1-1 地球的构造

地核被地幔所包围,地幔主要由硅酸盐成分组成。由于热和压力的作用,地幔处在一种半固半液的塑性状态,会在压力下喷出。

地球的表面是固态的地壳。地壳由最轻的物质成分构成。可以这样说,地壳浮在密度较大的地幔上,地幔浮在密度更大的地核上。地球的这3个组成部分是由重力分异作用形成的。

此外，地壳之上，地球还有水圈（大洋、湖泊与河流等）和大气圈，它们也被重力束缚着。

地球的构成与番茄类似。它们都是在一个固态的外壳下有着半液态的物质。其比例也很相近，地球的直径约8000英里，地壳厚度小于30英里。

1.3 构造运动——改变地壳形状的运动

与番茄平静的状态相反的是，地球是一个动态的系统。火山喷发与地震向我们展示了地球中活动中的巨大力量，这些力量堆起了高山，形成了盆地。

1.3.1 大陆漂移

在地质历史的初期，当今地球上所有的大陆都是集中在一起的，称为泛大陆（图1-2）。从那时以后，各块大陆慢慢漂移开来，形成了今天的样子。大陆漂移的机理并没有完全明确，但学术界认为地幔的热对流在其中起到了主要作用。

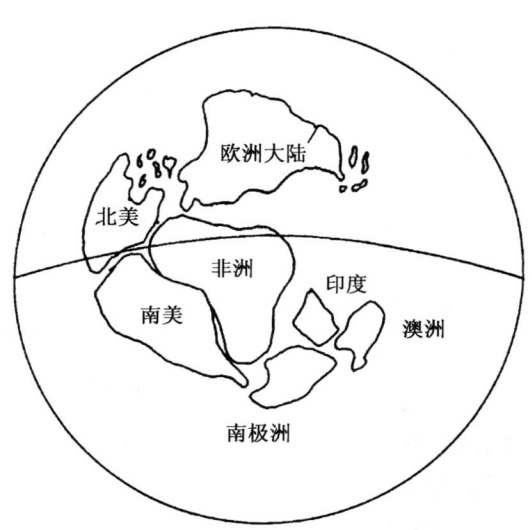

图1-2 现代大陆在二叠纪末的位置

1.3.2 对流运动

地球是一个巨大的热系统,其热能来源于地核承受的上覆压力以及核衰变。地幔通过对流将该热能带到地面并散失到宇宙空间中。

对流的形成是因为温度高的流体(液体或气体)密度较小。流体分子在不断的运动中,温度越高,运动的速度越快。高速运动的分子相互碰撞并弹开。较高的温度导致较高的分子运动速度及更多的碰撞,使分子间的距离增大。当温度较高的流体向上运动,温度较低的流体向下运动时,对流就形成了。

举例来说,房间中的暖气总是安装在靠近地面的位置。这样,热空气上升时就会与房间中的冷空气均匀混合,使房间中的温度均匀。反之,如果将暖气安装在天花板的位置,热空气就会集中在房间顶部,导致靠近屋顶温度过高,靠近地板温度过低,达不到均匀加热的目的。

地幔中的岩浆也在做着这样的对流运动,热岩浆上升,横向流动,热量散失到地壳后,温度下降,密度增加,又沉到下部。

1.3.3 扩张中心

岩浆在地壳下流动时,其作用于地壳上的摩擦力将地壳拉开,新鲜岩浆添补到拉开后造成的空隙,然后冷却。这些扩张中心,或称作"洋脊",存在于许多大洋盆地底部。举个例子来说,在大西洋底,介于北美和欧洲以及南美和非洲之间,有一条活跃的洋脊,称为大西洋中脊。它露出水面的部分形成了冰岛,并形成了其境内的大量气孔和间歇喷泉。

1.3.4 俯冲带

既然海底扩张中心在不断产生新的地壳,原有的部分地壳一定会在地球的某些地带消失掉。这些地带就是俯冲带,一个板块被挤压到另一板块的下面去(图1-3)。如图中所举的例子,较薄较软的海洋板块俯冲到了较厚较硬的大陆板块的下面并进入和熔化到地幔中。两个板块挤压产生的力改变了地形,推起了山脉,并经常性地导致火山喷发。在下冲板块与上覆板块相交的地方,往往形成海沟。

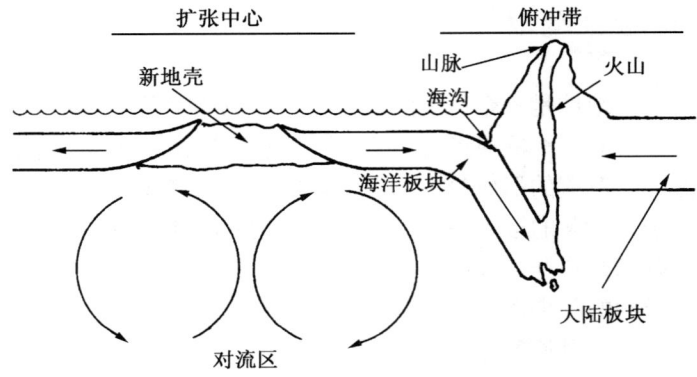

图 1-3　扩张中心及俯冲带

南美西海岸就是一个活动着的俯冲带。安第斯山脉和智利海沟就是由俯冲作用形成的。如果是两个海洋板块挤压在了一起，其中一个会俯冲到另一个下面。如果是两个大陆板块挤压在了一起，两个板块都不会俯冲，其结果就是会在挤压带形成一系列山脉。黑海南部的高加索山脉就是这样形成的。

在有的地区，两个板块水平方向摩擦接触，没有相互间的垂向运动。圣安地列斯断层可以作为这种情况的一个例子。

1.3.5　板块构造运动

以上所讨论的地壳运动和变形属于板块构造理论的一部分，在近25年来获得了广泛的接受。地壳被看成是由若干板块构成的（图1-4），其

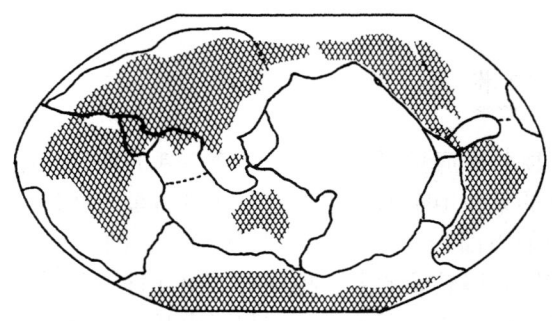

图 1-4　地球上主要的构造板块

边缘一方面被扩展中心所扩展，一方面又在俯冲带消失。嵌在大板块中的大陆不断地变换位置，看上去是在地球表面漂来漂去。板块的构造运动被认为是地球上山脉和海沟的形成以及大多数地震和火山喷发的基本原因。

1.4 岩石的类型

地壳是由岩石构成的，而岩石是由矿物构成的，这些矿物是一些比如石英（SiO_2）或方解石（$CaCO_3$）之类的化合物。从扩张中心升上来的岩浆冷却变硬后，就成了火成岩。花岗岩和玄武岩是两种常见的火成岩。

地球表面暴露的主要是沉积岩，是由其他岩石破碎后重新沉积而成的。砂岩和石灰岩是两种沉积岩。

第三种岩石是变质岩，是由沉埋的火成岩或沉积岩在高温高压下形成的。大理石和板岩都属于变质岩。

从石油的角度来看，花岗岩和变质岩的区别并不是那么重要。油气生于沉积岩，绝大多数情况下也储集于沉积岩。

1.5 沉积岩的形成

1.5.1 风化

沉积岩形成的第一步是这样的：构造运动下形成的高山或高地在自然的力量下开始风化。

高山顶部地带由于空气稀薄，大气层保温功能变差而导致气温较低。这样上升并刮过山顶的风会变得较冷，其较低的温度导致其携带水蒸气的能力下降，并因此形成了高海拔地带的大量降雨。山顶的这种大量降水加快了其风化的进程。地面水渗入岩石的裂缝，冻结，体积增加将岩石撑裂，这是风化的重要方式之一（图1-5）。

这种情况也危害高速公路路面。昼化夜冻的大量水汽是同时对高山和公路产生破坏的同一种作用。水同时也对岩石的化学风化起着举足轻重的作用。比如，雨水中溶解的二氧化碳常会使地表水呈微酸性。这种含二氧化碳呈酸性的水与石灰岩接触会发生反应将石灰岩溶解。地球上

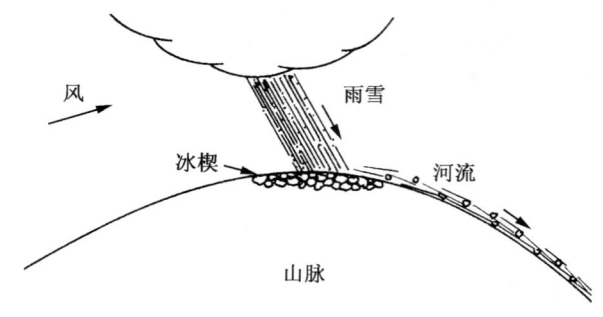

图 1-5 接受风化剥蚀的山脉

大量存在的溶洞证明了这一点。

这种作用还可以将不具渗透性的灰岩转变成具有孔隙度和渗透率的储层岩石。与地下溶洞的形成机理一样,灰岩中可形成铅笔芯粗细的溶蚀孔洞。假以足够的时间,这些孔洞会进一步扩大。酸性的地下水对于将火成岩中的长石矿物成分溶解成黏土也起到很大作用。

1.5.2 剥蚀

山顶大量的雨水携带着风化剥蚀下来的岩石碎屑沿陡坡冲下,岩石碎屑在快速流动的水中翻滚碰撞,逐渐破碎成越来越小的碎片。随水流运移的岩块也会对河底产生破坏作用,随河道的加深,挖出更多的岩石碎块。

在风化剥蚀的自然力量作用下,高山被削平,洼地被填起。如果连续不断的造山运动停止的话,最终地表会在风化作用下全部夷为平地。

1.5.3 沉积

水流从高地冲下时会携带大量的固体物质。当水流进入到比较平缓的地域时,大的固体碎屑首先沉积下来,然后是较小的碎屑。这就称为碎屑沉积。

图 1-6 展示了河流入海的沉积过程。随水流的扩展及流速变慢,在近岸地带,较大的碎屑沉积下来,砂在较远的地方沉积,黏土则在水更深的地带沉积下来。

另一种不同方式的沉积作用也发生于海洋中。海水上富含氧气,阳

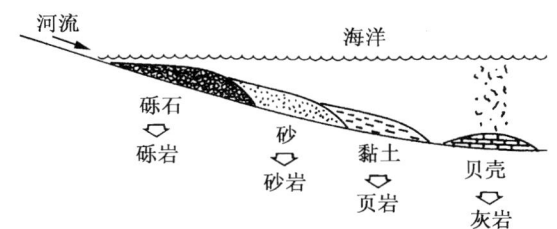

图 1-6 沉积过程及沉积类型

光充足的部分生长着大量的浮游生物，其中一些有壳，它们死亡后，这些壳就会沉到海底，积聚起来。

除了碎屑沉积外，还有化学沉积。比如相对封闭的潟湖中，由于蒸发的作用，水中溶解的碳酸钙浓度增加，会以灰泥的形式沉淀下来。

1.5.4 成岩作用

疏松的沉积物经过压实和胶结作用形成岩石的过程称为成岩作用。随着沉积作用的进行，早期沉积下来的沉积物越埋越深，其上覆压力会逐渐将其中的水挤压出来，并使得沉积颗粒相接触。然后孔道中地层水沉积出来的碳酸钙或二氧化硅会将这些岩石颗粒胶结在一起（图 1-7）。

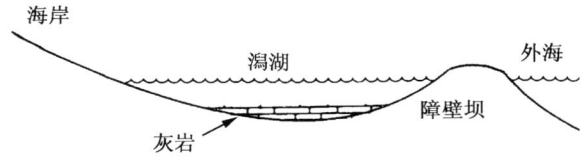

图 1-7 潟湖中的沉积岩

沉积物在成岩作用下可以产生以下几种沉积岩：
（1）砾石形成砾岩，可以成为储层岩石。
（2）砂形成砂岩，砂岩是最见的储层岩石。
（3）黏土形成泥岩，泥岩是最常见的沉积岩。
（4）灰泥形成没有孔隙的，通常为灰色或黑色的石灰岩。
（5）微生物的壳堆积形成白垩，是一种细粒的白色灰岩。英国海岸的"丹佛白崖"以及北海的埃科菲斯克（EKOFISK）巨型油田的储层岩石都属于白垩地层。

1.5.5 岩石的形成

沉积岩通常以相对较薄、覆盖广泛的地层的形式存在。地质学家会给不同的地层命名，比如：Woodbine 砂层、Atoka 灰岩地层等。地层是描述沉积地质的基本单元。

如图 1-6 所示，相似大小和密度的沉积物颗粒会在大致相同的地方沉积下来。随着时间的推移，这一沉积方式会形成沉积物的垂向加积。

地球板块除了水平方向的挤压和运动外，还存在着垂向的运动。比方说，一些地区的造山运动使得地壳升起，而一些地方则会由于沉积物加积的重量使地壳相对下降。这些作用的进行是极其缓慢和不易觉察的，然而随着漫长地质时间的推移，这些作用就会显现出来。

图 1-8 显示了海进过程中，海岸线不断向陆地延伸的情形。在这种情况下，沉积物的沉积也沿着同一方向延伸。沉积的结果是，砾石、砂以及泥岩都形成了层状沉积，砾石在砂的上面，砂层在泥层的上面。

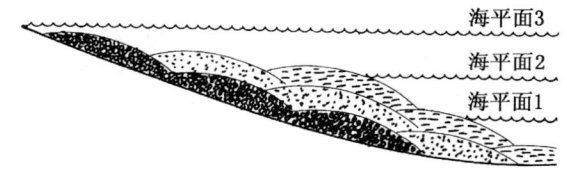

图 1-8　海进过程沉积

上面讲的是海进过程，对于海退过程，也同样会出现层状沉积，不过这种情况下的沉积是向海域的方向进行的。海进与海退经常交替进行，这样一来会形成沉积旋回。举例来说，海上钻井（尼日利亚或美国墨西哥湾地区）经常会遇到被泥岩隔开的砂层，这种沉积旋回就是由海进/海退过程形成的。

1.6　地　质　构　造

在地质学中，"构造"是指由于地应力的作用导致的岩石变形。

1.6.1 褶曲

在地球的俯冲带附近，由于挤压力的作用，会在垂直于挤压的方向形成条带状褶曲。这种变形可能会引起部分地表岩石的破碎。但是对于埋藏较深的岩石，由于温度较高，塑性较好，会形成许多褶曲。

这些褶曲中向上突起的称为背斜，向下弯曲的称为向斜。背斜构造在石油地质中很重要，因为它们会形成油气圈闭。

1.6.2 断层

断层是由于地应力的作用，导致地层岩岩石断裂错动形成。同背斜一样，断层遮挡也是形成油气藏的重要因素之一（图1-9）。

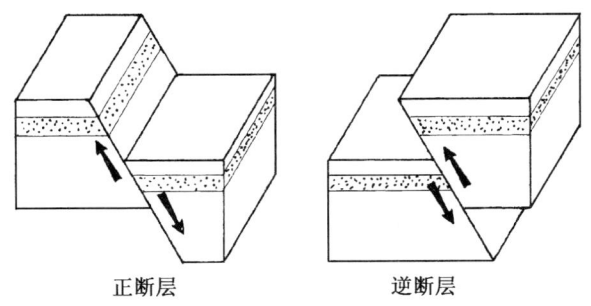

图1-9　正断层和逆断层

张性地应力可以形成正断层。在张性断裂的情况下，地层沿着断层面错开，使得地壳扩张。在沉积盆地边缘形成的生长断层就是一个很好的例子，沉积物的重压使得断层上盘沿断层面不断下沉，以舒解沉积压力。

在挤压应力的作用下，会形成逆断层。这种情况下，断层的上盘会移到下盘的上面。

在地应力平行作用时，会形成平移断层。平移断层的一个例子是美国加利福尼亚州的SanAndreas断层带。这一断层带是由两个陆地板块水平错动形成的。在正断层和逆断层中经常也会有平移断层的成分存在。

1.7 陆地地貌

下面介绍几种常见陆地地貌及其地质因素。

1.7.1 山谷地带

地壳的褶曲和剥蚀可以形成长的山脊和其间宽阔的峡谷。较硬的地层抗风化剥蚀的能力较强，所以其露头形成了山脊；较软地层剥蚀的速度快，形成了山谷。

图 1-10 中所示包括一个背斜和一个向斜。它们是由水平挤压形成的。背斜的顶部已经剥蚀掉，根部残留的较硬地层在露头处形成了脊状构造。

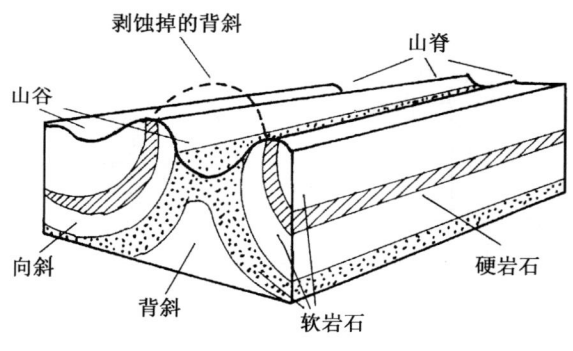

图 1-10　剥蚀残余面

1.7.2 冰蚀带

在漫长的地质年代中，地球表面的温度经历了很多变化。在寒冷的时期，大量的降雪堆积地面形成了冰川，即冰的河流。在冰川时期，它们几乎横扫并覆盖整个北半球陆地。

冰川的移动在其下的地面岩石中挖出了狭长的山谷（图 1-11）。斯堪的纳维亚和苏格兰的峡湾以及美国的指状湖就是冰川峡谷

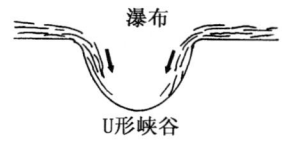

图 1-11　冰川峡谷截面

的典型例子。"U"形的峡谷断面和瀑布就是冰川峡谷的典型特征。

冰川期后期，南部的冰川开始融化。冰川中携裹的砾石、岩屑及砂石随着冰川的融化沉积下来形成冰碛物沉积。现代的冰川作用带通常可以通过磨圆的巨砾来加以确认。在这些地方的当地人常用这些巨砾来建护墙。

1.7.3 山——新的和老的

新近隆起的山脉一般都是多棱角巉岩的。这方面的例子比如阿尔卑斯山脉和加拿大的洛基山脉。接受风化时间较长的山脉一般棱角较少，比如乌拉尔山脉和阿帕拉契亚山脉。

1.7.4 台地

台地是高出周围而顶部平坦的剥蚀构造。台地是由水平地层构成的。其顶面岩石由于胶结好等原因，抗剥蚀能力强，这样一来就保持了台地的高度（图1-12）。

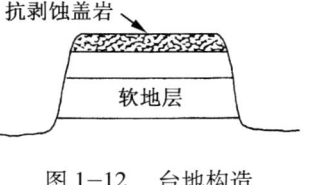

图 1-12　台地构造

1.7.5 河流——新的和老的

新的河流具有流域坡度大和地形变化大的特点。河流向下冲刷时，可以冲刷出直的 V 形河谷（图 1-13）。

老的（成熟的）河流通常与地貌特征不明显的平原相伴。这种河的梯度小，速度低，河道多弯曲，称为曲流河（图 1-14）。

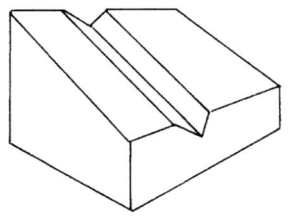
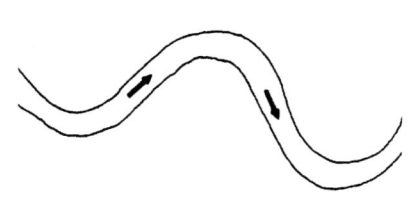

图 1-13　陡梯度河道　　　　图 1-14　曲流河河道

1.7.6 牛轭湖

沿着成熟河流的发育有许多牛轭湖。这些牛轭湖是废弃的曲流河河道形成的。图 1-15 展示了牛轭湖的形成过程。

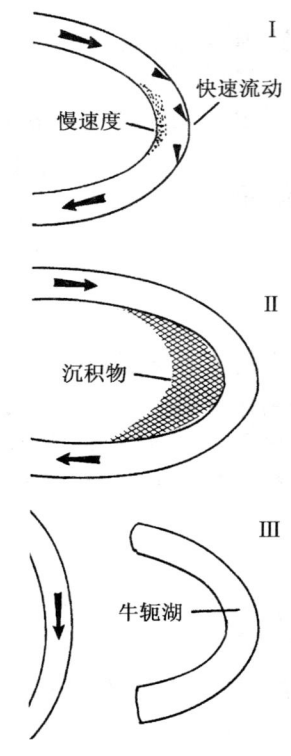

图 1-15　牛轭湖的发育过程

1.7.7 河流三角洲

在河流入海处，河水会发散开来，同时流速大大下降。河流中携带的泥沙会沉积到海底，形成扇形的三角洲。

因为世界上许多大油田都是在三角洲砂岩沉积中发现的，所以三角洲沉积对石油地质学家们有着特殊的吸引力。这其中的例子有尼罗河和密西西比河流三角洲（图 1-16）。

三角洲的形成过程如下：首先河流沿一到两个分流河道入海。然后，河口的沉积物会慢慢加高，抬高河道，到了一程度，河流会改道入海，原先的河道便会被废弃。这样一来，随着时间的推移，河道的摆动就会最终形成扇形的三角洲。

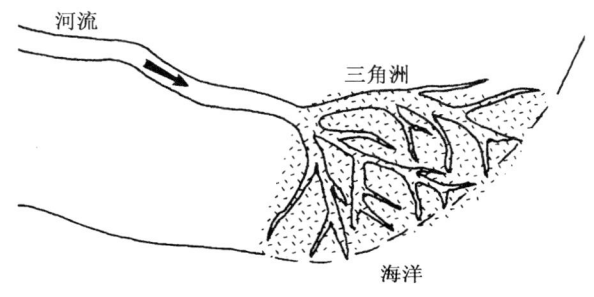

图 1-16　河流三角洲

2 油气的生成和聚集

2.1 石油的生成

对于油气的生成和聚集还没有完全一致的结论。其中争论最突出的就是石油的有机成因说和无机成因说。也就是说,石油是由化学反应生成的还是由有机体演化而来的。

瑞典政府最近在构成他们国家绝大部分的花岗岩地层上打了几口不成功的井。这些井位于一个古陨石坑地带。在这里打井是因为判断陨石的巨大冲击力会破碎花岗岩层,并形成油气的运移通道。

甲烷(天然气主要成分)可以在实验室中通过对一些天然矿物加温加压形成。因此,石油及天然气中的一部分可能是具有无机成因的。可以得到一致认可的是,石油的绝大部分是有机成因的(图2-1)。

图 2-1　一些科学家相信石油的形成起始于海洋生物大量滋生的数百万年前(据 API)

2.1.1 有机生油源

比较容易想象巨大的恐龙或史前鱼类被碾成齑粉化为石油。然而,这些大型动物的数量远不足以解释地球蕴藏如此大量的石油资源。

事实上,只有海洋中大量生长过的浮游生物才是石油有机生成的物质基础。海洋中滋生有大量的浮游生物，构成了海洋食物链的底层。

浮游生物要想成为生油基础，必须具备两个条件：其一，必须有大量的死亡以形成规模储藏；其二，必须有快速的掩埋，以防止死亡的浮游生物被细菌吃掉。

油气生成良好环境的一个现代例子是土耳其伊斯坦布尔附近博斯普鲁斯海峡与黑海相接的地方。地中海来的海流通过该海峡流入黑海，并贯入深处。这些海流中富含大量的浮游生物，被带入到黑海深处无氧环境中后，发生大量死亡。这些大量死去的浮游生物在沉到水底后又迅速被黏土掩埋，防止了细菌的作用（图2-2）。

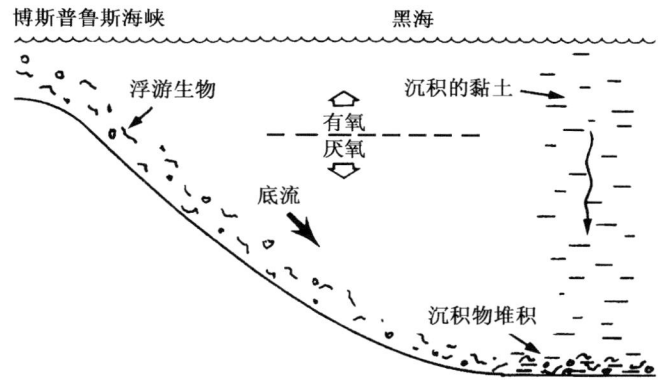

图2-2　有机物的沉积及埋藏

这些包裹了大量生物的黏土经过成岩作用后，会成为黑色的泥岩。这种颜色的泥岩是油气源岩的标志。

源岩（黑色泥岩）的存在是油气勘探的重要根据之一。地质学家在评价一个新的盆地时，通常都要关注这一地区的源岩情况。在盆地内如果发现了油气聚集，则对源岩存在性的确认就不那么重要了，因为它们是一定存在的。

2.1.2　植物与天然气生成的关系

有一种看法认为，所有的"黑油"也就是有明显颜色的石油都是由上面所讲的浮游生物生成的，与石油伴生的天然气以及气顶中的天然气也是由浮游生物形成的。然而，有一些天然气是由在较浅的淡水环境下植物腐殖质形成的。这种天然气的生成归于细菌的作用。北海南部的天然气据估计就是由古河流三角洲地区的植物生成的。正在发展中的煤层气工业也是通过钻井到煤层中并提取其中的天然气。

2.2 石油的化学构成

2.2.1 烃分子

石油及天然气是由烃类分子组成的。分子是构成自然的基石，它们可以由几个原子构成，也可以由成百上千个原子构成。比如，水分子由三个原子构成：两个氢原子和一个氧原子。它们之间由共价键连接在一起。

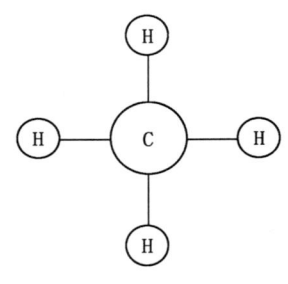

图 2-3　甲烷分子结构

烃类由碳原子和氢原子构成。碳原子有四个共价键，氢原子有一个。因此一个碳原子可以和四个氢原子相结合。这样结合成的分子是甲烷分子，也就是天然气。甲烷是最常见的烃类分子（图 2-3）。

比甲烷大些的烃分子是乙烷，由两个碳原子和六个氢原子构成（图 2-4）。注意到两个碳原子间有一个共价键，每个碳原子还有三个开放的共价键可以与氢原子共用。

由于乙烷与甲烷具有相似的挥发性，因此在市场上销售的天然气中（在去除了石油、水以及其他杂质后）会残留一部分乙烷。这些乙烷会增加天然气的热值。如果附近有化工厂的话，这些天然气中的乙烷组分可以通过低温装置提取出来作为化工原料销售。

直链烷烃如图 2-4 所示。乙烷、丙烷、丁烷分别有 2、3、4 个碳原子。分子中氢原子的个数可以通过公式 $H=2n+2$ 算出来。其中，n 为碳原子的个数。对于丙烷，氢原子个数是 $2\times 3+2$ 个，也就是 8 个。

丙烷和丁烷在大气压下为气态，加以适当压力，很容易将其液化。液化后可以装瓶销售或作为化工原料销售。

烃分子中除了具有 1 个、2 个、3 个碳原子的较小分子外，还有 5 个、10 个以及很多个碳原子的分子。此外，除了这种链烷烃以外，原油中还有环烷烃和苯等。如图 2-5 所示，我们可以看到有 5 个碳原子

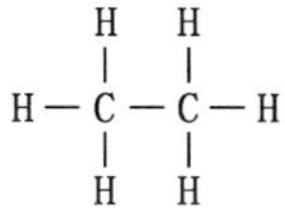

乙烷 (C_2H_6)

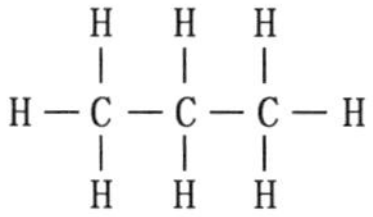

丙烷 (C_3H_8)

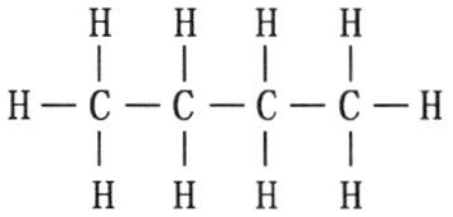

丁烷 (C_4H_{10})

图 2-4 烷烃分子

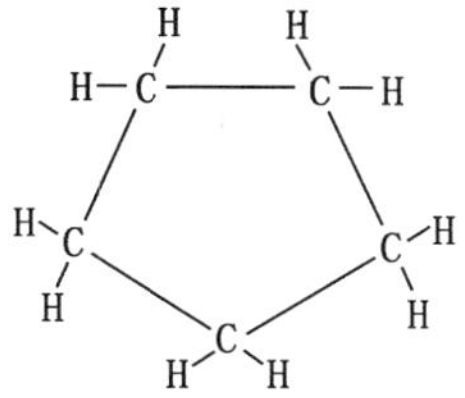

环戊烷 (C_5H_{10})

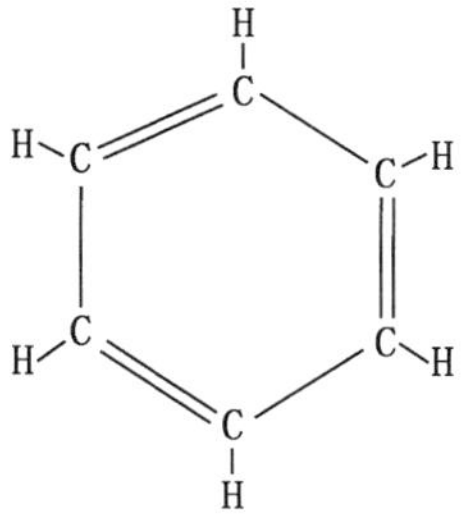

苯 (C_6H_6)

图 2-5 石油中的环状分子组成

的环烷烃——环戊烷以及有 6 个碳原子的苯环。

烃分子的相对分子质量越小，其挥发性越大。甲烷、乙烷、丙烷及丁烷定义为石油气是因为它们在常温常压下是气态。戊烷以上的烃类在常温常压下呈液态，因此定义为石油液。一般说来，随着烃相对分子质量（碳原子数）的增加，其黏度增加，挥发性下降，颜色变深。

石油是多种烃类的混合物，其品质取决于其不同的烃类组成。石油的性质因此也是千差万别。对于最轻质的原油——凝析油，如果不是在密闭容器中，很快就会挥发殆尽。对于黏度很大的稠油，则不会挥发，而且要经过加热才能够从容器中倒出来。这种巨大的差异是由油气生成的不同条件造成的。

2.2.2 石油的生成

从有机质生成的初始原油与最终形成的原油在性质上存在着很大的不同。在成岩过程中，生油有机物被越埋越深，温度也随之升高。这些都有利于向石油的转化。

在一个地区打初探井之前，地质学家通常要分析这个地区的成岩历史来判断这一地区的油气富集前景。由此，可以得出到底打不打井的决定。

埋藏较浅或时间较短的有机物形成重油,反之,有机物埋藏越深、时间越长,则形成的石油越成熟,也就是越接近轻油,即具有更小的黏度、更大的挥发性(因为其具有更多的小分子)和更浅的颜色。这是因为温度的增加会使大的烃分子断裂成为小的烃类分子,使得油品变稀。当埋藏深度超过18000英尺和温度超过300 ℉ ❶时,只能生成天然气。

2.3 油藏岩石的性质

在许多不熟悉石油工业的人的想象中,石油是像湖一样存储在地下,就好像埋起来的油罐一样。如果这是真的话,那么石油的勘探开发就会变得简单易行了。现实的情形是石油蕴藏在坚硬的岩石中,只是在岩石的孔隙和裂缝中存在着(图2-6)。

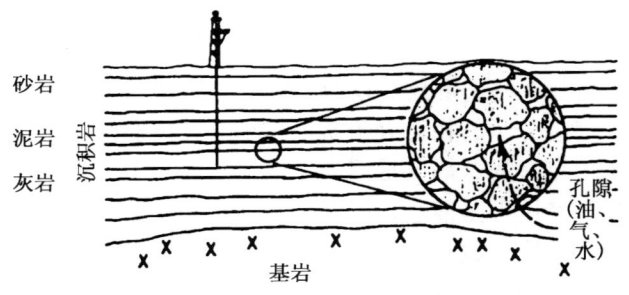

图2-6 原油存在于岩石孔隙中

油气从油藏流到井筒要经过曲曲折折的路径,大大影响了油井的产出速度。与几天就能抽干的地下湖泊不同的是,实际油藏中的石油要经过许多年才能开采完。这样一来,经济效益就要受到很大的影响。油藏工程这门学科就是用来研究这些问题的。

2.3.1 孔隙度

作为油藏岩石,应该有孔隙空间来存储油气。因此有了孔隙度的概念,定义为岩石的孔隙空间占油藏岩石总体积的百分比。比如说,如果

---

❶ ℃ $= \dfrac{5}{9} \times$ (℉ $- 32$)。

岩石的孔隙度是 25%，那么 75% 的体积将是岩石，25% 是孔隙。

孔隙共有 3 种，粒间孔隙是最常见的。粒间孔隙是指砂岩、砾岩或碎屑灰岩颗粒或碎屑间的孔隙。

如果相同大小的球体按照图 2-7 的模式堆积，孔隙度将会是 48%，这个值与球的大小无关。当然在自然界中不会有相同大小的球按照如此均匀的方式排列。因此，这一孔隙度是一个理论上的上限。

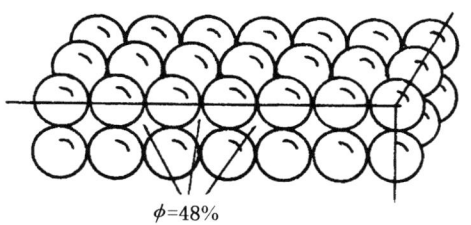

图 2-7　相同体积球的堆积

在实际中，经常会遇到孔隙度达到 25% 的砂岩。要达到这一孔隙度通常要求砂岩具有较好的分选度（颗粒大小相近）和圆度。这些是海滩沉积砂岩的特征。

图 2-8 中仅有少数岩石颗粒看起来是接触的。然而这并不表示岩石的压实不够，因为这只是代表一个切片而已。这些颗粒的实际接触点并没有在这一切片上完全反映出来。

平均粒度也是油藏岩石的一个重要性质，不过这一性质并不直接影响孔隙度。如图 2-8 中所示的岩石颗粒，其大小并不改变孔隙度的大小。然而，岩石颗粒的分选却对孔隙度有很大的影响。如图 2-9 所示，在较大的岩石颗粒中间夹杂有许多小的颗粒，大大减小了岩石的孔隙空间。

 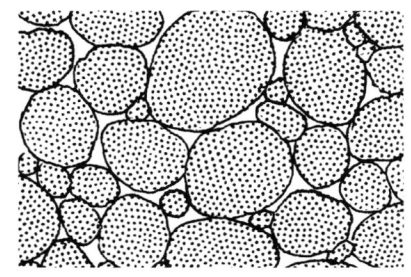

图 2-8　颗粒磨圆及分选良好的砂岩　　图 2-9　分选差异致孔隙度迅速变小

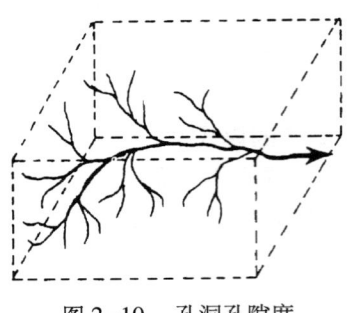

图 2-10　孔洞孔隙度

第二种重要的孔隙是溶蚀孔隙。这种孔隙是灰岩被淡水溶蚀形成的。酸性的地面水渗滤过石灰岩，溶蚀出了许多的孔洞和通道（图 2-10）。

这些溶洞一般很窄小，因此溶蚀孔隙度都比较小。然而世界上一些最大的油气藏却是在这种储集岩中发现的。尽管孔隙度甚至可能小于 5%，地层的厚度可以对此进行弥补。

第三种孔隙是裂缝孔隙。裂缝通常是硬地层经扭应力作用形成的。在应力持续存在的前提下，这些裂缝孔隙不会完全关闭。

裂缝孔隙通常比溶蚀孔隙还要小。然而它经常可以作为粒间孔隙和溶蚀孔隙之间的通道存在。在这种情况下，裂缝孔隙被称为次生孔隙，而粒间孔隙或溶蚀孔隙被称为原生孔隙。

2.3.2　渗透率

油气要从油藏流到井筒必须经过连通的岩石孔隙空间。孔隙空间的这种连通性是通过渗透率来度量的，其物理单位为达西（Darcy，D）。溶蚀孔隙的渗透率高，是因为溶蚀孔隙实际上代表了流道。裂缝的渗透率也很高，也可以构成很好的流道。

粒间孔隙的渗透率变化较大。对于水体边缘新近沉积的砂体，由于胶结疏松，渗透率较高。

反之，对于陆上较老的砂岩岩层，由于构造应力的作用和胶结的原因渗透率较低。其中胶结对于孔隙度的影响尽管很小，对于渗透率的影响却是很大的（图 2-11）。

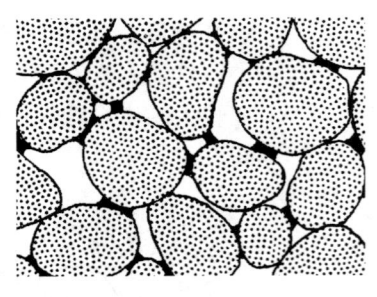

图 2-11　胶结的砂岩

2.3.3　流体饱和度

因为沉积物是在海洋水体中沉积的，所以一开始它们是被水体所包围的。这样一来，沉积物开始成岩时，孔隙空间中就被海水所占据。除非后来有油气等顶替，孔隙中的海水将一直存在。油气对地层水的驱替是油藏工程师们所关心的，因为这关系到油藏的经济性大小。

运移到油藏岩石中的油气并不能将地层水完全驱替干净。这一驱替过程十分缓慢，所以在大多油藏中这一过程还在进行中。即使在驱替过程完全完成的油藏中，还是会有残余水紧缚于岩石颗粒表面上。这些残余水总是占有一定的孔隙空间，这样就减小了油气所能占据的孔隙空间。

2.3.4　相对渗透率

油气不会溶于油藏中的地层水中。这些油气会以自由相的形式存在。如图2-12所示，孔隙空间中油水以分离的形式共存。该图中的含油饱和度较低，大约为25%，含水饱和度较高。

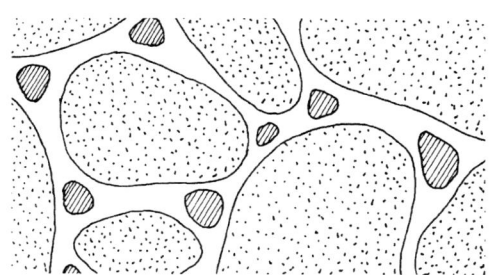

图2-12　低含油饱和度（油相不连续）

在这种情况下，原油的表面张力会使原油缩成与水分离的油滴，如果是饱和度不高的天然气，会形成小气泡。如果在附近打一口井的话，作为孔隙空间中连续相的地层水会流动到井筒中。而油作为不连续相，则不会发生流动。图中的这一油藏会产100%的水。

如图2-13所示，油相完全驱替了流动水相，饱和度达到了80%以上，而地层水饱和度仅在20%以下。

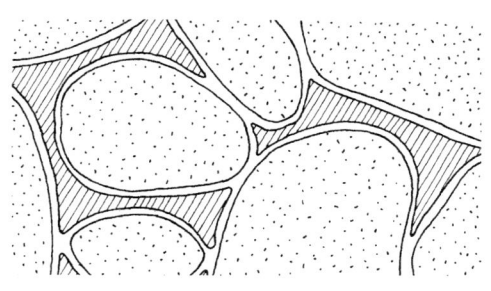

图2-13　砂岩中的连续油相

这些地层水，称作束缚水，被表面张力紧紧束缚于岩石颗粒表面，不具有流动性。相反的，油相的饱和度高到使孔隙中的油形成了连续相，在一定压差的作用下就可以产生流动。在这种情况下，由于油相的连续和水的不具有流动性，所产出的将是100%的油。

大多数油藏都是油水同出的，这就需要油藏中的油和水都在各自的残余饱和度以上。对于油相来说，要形成连续相。地层的性质各有不同，但是，一般来说，当地层原油和水的饱和度都大于25%时，就会出现两相流动。

以上讨论了不同地层流体的饱和度对其渗透性的影响。目标地层在被钻开后，一个首要的任务就是找出地层中的油、气、水饱和度。这些信息资料通常在井打完后，通过下入测井仪器测得。

2.4 油气的运移和圈闭

黑色海洋泥岩中大量分散的细小油滴因其极大的分散性而无法得到直接有效的开采。为了具有经济性，这些油滴必须要高度集中在一起，形成相当的规模才行。

2.4.1 油气从泥岩中的排出

油气聚集前的第一步是细小的油滴从束缚它们的泥岩中排出。微观上泥岩是由黏土小片构成的，通常情况下不具渗透性。然而不断增加的上覆压力可以压实和压裂这些含油源岩，把其中的水和烃类挤出来（图2-14）。

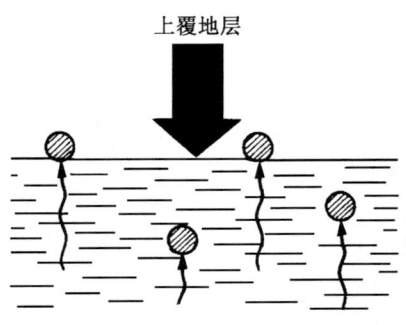

图2-14　原油从页岩中排替出来

2.4.2 垂向运移

油滴从泥岩中挤出后，进入到具有一定孔隙度和渗透率的砂岩地层中，由此有了运移的条件。运移的初始方向是向上的，因为油的密度比水的密度要小。对于单个油滴来讲，其运动的路径可能是沿着曲曲弯弯的孔道，但是随着漫长的地质时间，这些油滴可以运移很远的距离（图 2-15）。

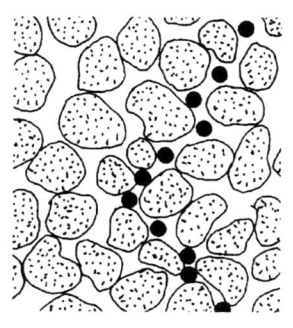

图 2-15　原油的曲折运移路径

2.4.3 水平运移和圈闭

如图 2-16 所示，砂岩上面有一层泥岩盖层，阻止了油气的进一步向上运移。事实上，这些油气会沿着盖层底部上倾的方向继续运移，直到这一倾向发生改变，变为下倾，也就是背斜形成处为止。因此原油就在此背斜中聚集起来。泥岩是最常见的盖层，但其他种类非渗透性岩石也可作为盖层存在。砂岩在这里是储层，具有一定的孔隙度和渗透率。

源岩与储集岩之间的位置关系可以是如图 2-16 那样相接的，也可以相距数英里。有证据表明，因其黏度很低的缘故，天然气可以侧向运移数百英里。因黏度较高的缘故，原油的运移距离没有那么远，但有记录表明，原油可以运移长达 50 英里。

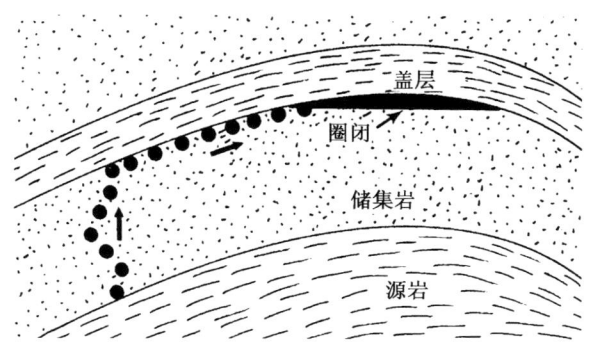

图 2-16　原油向圈闭的运移

原油可以聚集在地层构造的高点，这是由于重力分异作用形成的，

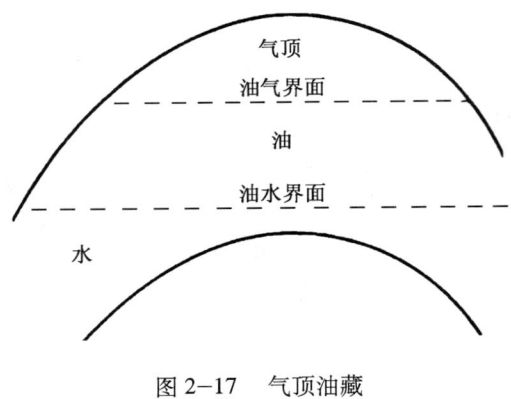

图 2-17 气顶油藏

也就是油比水轻造成的。如果圈闭中油气同时存在，那么，在重力分异作用下，天然气会在原油顶部形成气顶。一般的，油气界面或油水界面都是水平的（图 2-17）。

圈闭只有闭合才是有效的。这一点可以用汤碗的比喻来说明：汤碗如果一边打破了，盛在其中的流体就会漏出去。所以要形成有效的圈闭，其周围应闭合，否则油气就会溢出并逸散（图 2-18）。

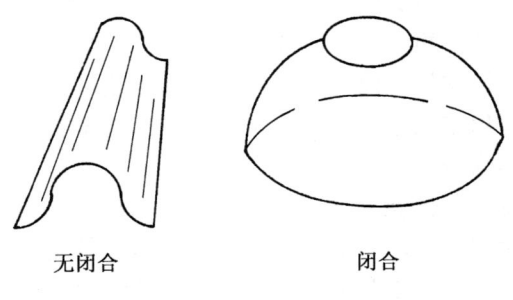

无闭合　　　　闭合

图 2-18 闭合

2.4.4 圈闭的类型

圈闭的类型有很多种，可以归纳为构造圈闭、地层圈闭和复合圈闭三种。

（1）构造圈闭：构造圈闭由地层的形变产生。背斜或穹隆圈闭是一个例子，如前述，它是由地层的压应力形成的。

另一种常见的构造圈闭是断层圈闭。断层导致地层垂向错动，造成储层的不连续性。非渗透性地层封堵了储层的一侧（图 2-19）。

在盐丘发育地带，如墨西哥湾地区，发育有大量的构造圈闭。盐丘的向上隆起所产生的地应力造成了周围沉积岩中的大量断层，同时还在其上部造成了背斜。同时油气还可以在盐丘边上的披覆构造上聚积（图

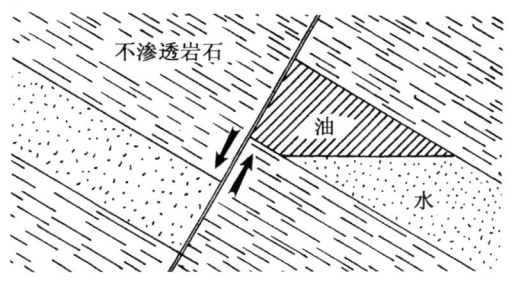

图 2-19　断层遮挡圈闭

2-20)。

（2）地层圈闭：地层圈闭是由沉积环境造成的。举例来说，砂层沿上倾方向渐变为非渗透性泥岩时，该泥岩便可起到盖层的作用。这种沿上倾方向的岩性尖灭是比较普遍的，反映了离岸方向砂岩沉积向泥岩沉

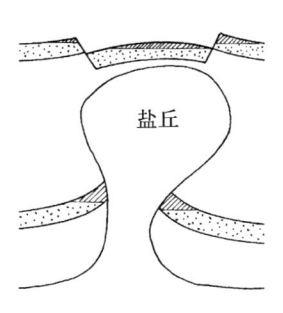

图 2-20　盐丘圈闭

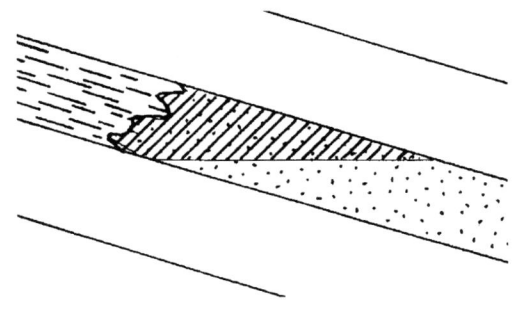

图 2-21　向上尖灭

积的过渡（图 2-21）。

珊瑚礁或生物礁在埋藏起来后，可能会成为很好的圈闭。礁的孔隙度是由原来活在其中的生物体造成的，因此这种生物礁的孔隙度和渗透率可能都很大。尽管生物礁的延展面积不大，其厚度却可能很大。这一空间几何形态加之其可观的孔隙度及渗透率可以保证很高的油井产量（图 2-22）。

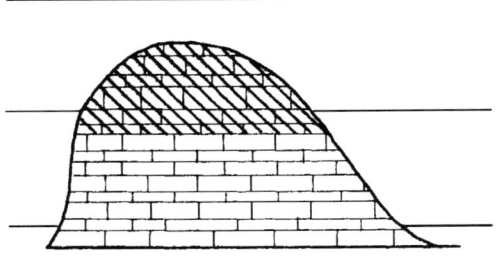

图 2-22　生物礁圈闭

其他可形成地层圈闭的情形包括：

①河道砂体。当被沉积埋藏后，可以成为很好的储层岩石。

②障壁岛。其绵长的砂体被后续沉积的泥岩覆盖后，可以形成很好的油藏砂体。

（3）复合圈闭：复合圈闭综合了地层形变和沉积环境两种形成因素。其中一个例子是角度不整合（图2-23），其形成需经如下步骤：

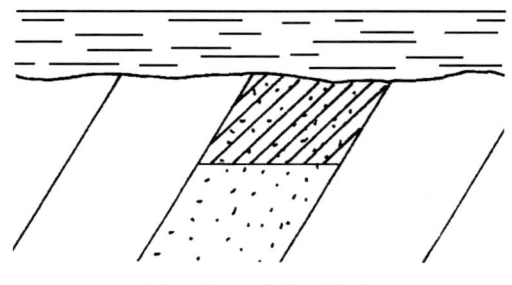

图2-23 角度不整合

①储层岩石在海洋盆地内沉积并成岩。

②地层上升至海平面以上并倾斜。

③倾斜地层上发生水平剥蚀。

④剥蚀后的地层下降到海面以下，剥蚀面被黏土覆盖。

⑤黏土成岩，形成盖层。

尽管不整合圈闭的形成过程看上去较为繁复，但这种圈闭却在自然界中广泛存在，还包括一些世界最大的油气田。

2.4.5 勘探过程中圈闭类型的重要性

地震勘探是当前最为广泛采用的找油方法。地震勘探的强项是找出地下地层的构造形态。因此，世界上大量的构造圈闭已经被高效地发现并开发。地层圈闭由于没有岩石的变形，地震勘探不易发现，所以还没有被广泛开发。

2.5 油藏压力

油藏中的油气流体都在一定压力下存在。当钻井钻到油藏后，会形成一个与地面相连的通道。油藏与地面间的压力差会驱动油藏中的油气流体先进入井筒再流至地面。因此，油藏压力是驱动油气产出的最基本动力。

同时，油藏压力还影响到油藏体积中油气的储量大小。特别是较易压缩的天然气更是如此。如果一个气藏中的压力是另一气藏的两倍，则对于同样的孔隙空间，前一个的天然气储量将是后一个的两倍。

油藏压力对于钻井人员也同样重要。打井时，如果钻井液压力低于油藏压力的话，就可能发生井喷。

当死亡的浮游生物或藻类沉入海底的时候，它们会受到其上的海水水柱压力。因为海水的压力梯度大约为 1/2 psi/ft ❶，对于比如 3000 英尺的海底来说，水柱压力可以达到大约 1500 psi。

沉积岩石颗粒在沉积和掩埋有机物的过程中，一个一个松散地叠加起来，这种松散的叠加使得海水能够自由出入。随着沉积物越堆越厚，达到数千英尺时，逐渐产生了压实作用，沉积物中原先包裹着的一些水被挤了出去。地层上覆压力将黏土沉积压实成为泥岩后，渗透率小到无法测量。不过在漫长的时间过程中，仍会允许一部分流体流出使得其中包裹的流体与外界流体压力平衡，不至于承受上覆压力。

这种情形可以用一个金鱼缸中的大玻璃球来比喻。从图 2-24 中可以轻易地观察到水不承受任何一玻璃球的压力。事实上，这些玻璃球彼此之间构成了一个支撑结构，并坐于缸底。因此在其间游弋的金鱼只受到其上水柱的压力而没有玻璃球的压力作用于它。在这里，玻璃球代表了沉积岩，金鱼代表了油藏流体。所以油藏中的流体压力始终代表了其上液柱的压力。因此世界上大多数油气藏的压力梯度都在 1/2 psi/ft 左右。这一点是十分重要和有用的。

背斜油气藏有时会有异常高压，甚至于正常压力的两倍。钻井之前事先对这些高压异常带进行预测是十分重要的。异常高压的造成是由于孔隙中的流体被密封在了储集岩中，并承受到一部分的上覆压力。

油藏压力是从哪里来的？主要来自其异常压力。

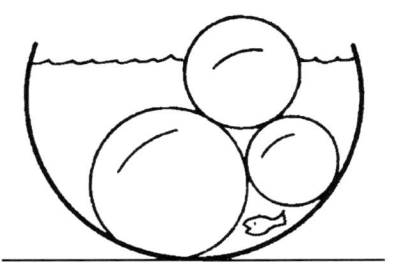

图 2-24　碗中的金鱼

---

❶ psi——磅力/平方英寸；ft——英尺；1psi（lbf/in²）=6894.76Pa。

（1）深度埋藏的未胶结沉积物经常会滑塌到附近的海盆。在向更深方向移动的过程中，作用于这部分沉积物的上覆压力加大，受到渗透率的限制，沉积物中包含的流体无法迅速排出，因此承受了这一部分加大的压力。这一部分额外压力最终会在漫长的地质时间内释放掉，不过在钻井时遇到这样的沉积可能会造成很大麻烦。

（2）与造山运动（比如喜马拉雅山脉）相伴的褶曲或断裂运动会在山前地带造成高压，随着时间的流逝，这些高压会逐渐释放。

（3）自流水造成的高压。油气储层如果有较高海拔的地面露头，则其中注入的水将会对油藏流体产生一定的静水压头（图2-25）。

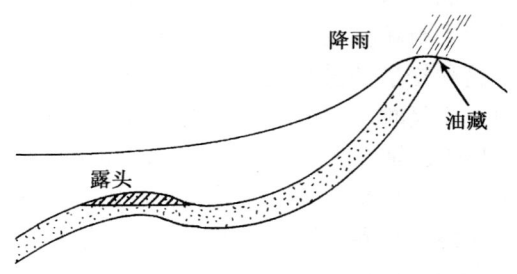

图 2-25　自流水造成的高压

（4）对于白垩地层（海洋微生物的壳构成），在压实成岩时，孔隙会封闭，这样一来，其中的流体将会承受一部分上覆压力。

（5）砂岩地层埋深超过 15000 英尺时，压实作用会封闭孔隙空间。因此超深井可能会遇到此种高压地层。

异常低压地层也可能会被遇到，这往往是由于该地层以前已经被开采过，压力衰减造成的。

3 石油勘探

3.1 地质勘探

3.1.1 高风险、高成本

地质勘探的基本任务是要定出初探井井位。该初探井的任务是对一片勘探远景区进行初步评估。

初探井的井位设计十分重要。探井的井径只有区区8英寸❶，很容易就漏掉目标油气藏。一口失败的初探井可能会导致对整个区域的悲观失望。

在资料稀缺不全的情况下，很难准确地打好一口初探井。只有到了后期的开发阶段，大量资料才使得精确地确定井位成为可能。

因此，大多数初探井最后都被证明是干井。不正确的初探井井位部署还可能导致丧失发现一个潜在油田的机会。很多情况下，一家公司放弃了的勘探区块，另一家公司却在其上有了大的发现。

3.1.2 勘探目标的逐步集中

勘探地质学家在全球范围内寻找勘探潜力，然后一步一步地缩小勘探目标，最终定位在一定的范围之内。

世界上的许多地区不具有勘探潜力，因为火成岩或变质岩基底就暴露在地表。勘探的潜力地区应该在沉积盆地上，在这些地区，沉积岩覆盖在基底岩石上（图3-1）。

选择一个特定的盆地以在其上展开勘探是区域地质学的任务。接下来的任务属于勘探地质学，即在所选定的区域部署勘探井位。

在评估一个未勘探过的盆地时，地质学家的任务之一是确认该盆地

---

❶ 1英寸=0.0254米。

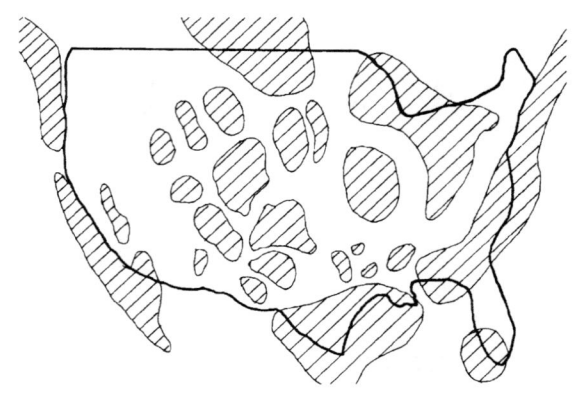

图 3-1　美国的沉积盆地分布

源岩的潜力。一旦获得工业油气流后，这一考虑就不再重要了。

3.2　历史上的勘探实践

3.2.1　油苗

世界上有许多地区发现过油苗。油苗以焦油的形式从一些沉积岩石的地面露头上冒出。当地人过去用这些油作燃料或其他用途。

在石油工业的早期，关于石油地质知之甚少。不过早期打探井的人们发现，在有油苗的地区附近打井常常可以发现油气藏。这些油气藏中的原油通常比地面上冒出的焦油要稀，具有更大的挥发性。因此这种稀油可以生产出更多的煤油类产品。当时这种产品很有市场价值。

地质学的研究揭示了油苗与相关工业性油气藏之间的关系。如图 3-2 所示，地层中的油滴沿着多孔的渗透性地层上倾方向运移。这些油滴在向上运移的过程中如果遇到了圈

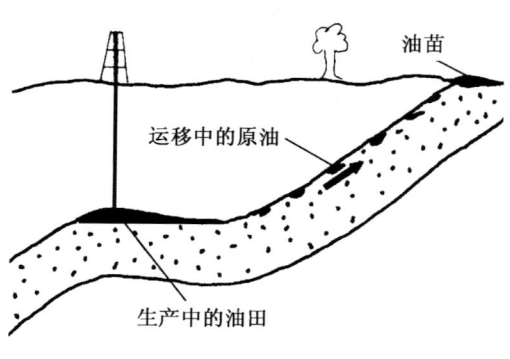

图 3-2　油苗

闭，比如背斜，就会在其中聚集起来。在充满该圈闭后，原油会从溢出点继续向上运移，直至在地面露头以油苗的形式溢出。原油易挥发的较轻组分会逸散到大气中去，最后只剩下常见的焦油状的油苗。

3.2.2 地表地质

在石油工业的早期，石油地质专家在对地表地质的调研方面投入了大量的精力。他们坚苦地工作，穿行于沙漠和丛林，一去就是一个多月。

地表地质学的工作集中于对有露头地层的研究。发现露头后，其位置首先要被确定下来以勾画出整个区域的情况。露头岩石的岩样也要采集回实验室进行研究。如果是对该地区进行初次调研，还要分析该地区的油气资源潜力。

此外，地质人员还要用罗盘和地层倾角仪等工具对地层的倾角和走向进行测量。这些测量数据被标志在地图上。在此基础上可以圈定背斜和向斜的位置，而其中的背斜则成为勘探钻井的目标区（图3-3）。

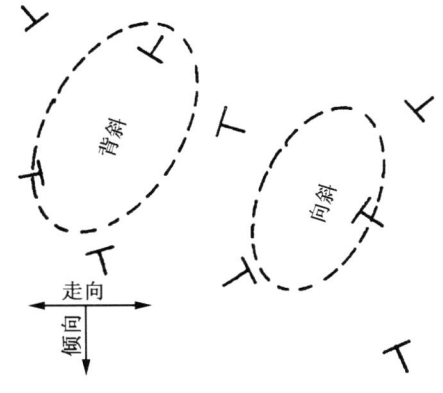

图3-3　地表地质构造图

在现代勘探中，目前地表地质只扮演一个小角色。那些容易找到的勘探地区大多已经被勘探过了。那些不易找到的，隐蔽性很强的圈闭则要采用先进的勘探技术，特别是地震勘探技术，才能找到。当代的勘探家更多的是坐在计算机前进行工作，而非穿行于沼泽之中。

3.2.3 早期的地球物理学

在石油工业的早期，地球物理学就为石油工业提供了一些有用的手段，其中就包括重力仪和磁力仪。这两种仪器能够精密地测量地表重力和磁场的微小变化，又能够用来定位地下基岩的隆起。其目的在于，如果有沉积岩披覆在这些隆起上，会形成相应的油气圈闭。

由于基底火成岩的密度一般要比沉积岩大，所以，接近地表的基底隆起在重力仪上的读数要比别的区域大些。在对很多点进行重力测定后,对地图上这些数据进行标注和分析,就可以找出重力异常区域。同时重力仪还可以找出重力比其他地区低的盐丘地带。

磁力仪的使用与重力仪类似。磁力仪可以通过测出地球磁场的异常来找出富含铁质的基岩分布。基岩隆起越接近地表,磁场的异常越强烈。

航测手段的采用大大提高了这两种方法的效率。这样一来就实现了在更大的区域内进行低成本的勘测。这些方法现在还在一定程度上采用,不过,它们已经基本上被更为精确的地震勘探方法所取代了。

3.3 地震勘探

地震学是研究地震的一门科学。它测量和分析地震时地下传出的声波。为了在石油工业领域应用地震学,需要在地面上采用爆炸或其他方式产生声波来探测地下地层构造,比如背斜圈闭和断层等。

(1) 基本原理:如图 3-4 所示,地震人员在地面通过炸药或其他方式产生一个地震波脉冲,向地下传播。当这一声波脉冲遇到波阻抗发生较大变化的标志层时就会有一部分能量从该层界面上反射回来。其反射角等于入射角。剩余的波能量继续向下传播。

从界面反射回来的地震波返回到地面后被检波器所检测和记录,该地震波往返的时间也被计算出来。震源和检波器的位置事先经过准确定位。这样,应用岩石中声波的平均速度就可以计算出地震波在地下行走的距离。假设界面上的反射点位于炮点和检波器之间,这样就可以算出反射点的地下深度。

如图 3-4 所示,炮点产生的声波向地下各个方向传播。不同方向的声波在反射界面不同的反射点上发生反射(图 3-5),反射波被不同位置的检波器所接收。这样一来就可以得到整个反射面的形态资料。

反射面不代表油藏界面,它只是可以用地震波检测出

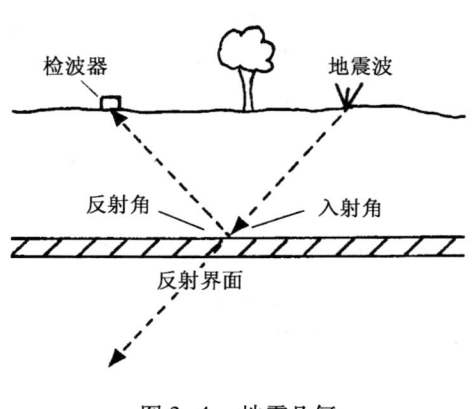

图 3-4　地震几何

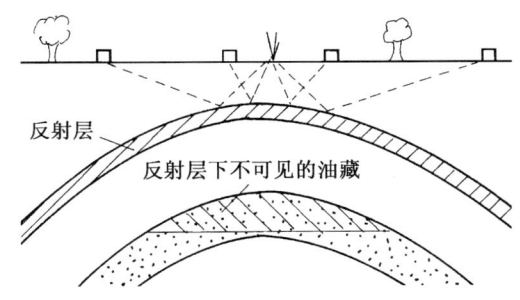

图 3-5　多个反射确定地层构造

来的一个地层性质。然而油藏往往与构造形态相关。如果发现了有潜力的构造，可以在反射界面的上下范围内打一口探井来加以确认。

（2）三维地震勘探：近年来，三维地震勘探得到了很大的发展和应用，已经成为主要的手段。三维地震勘探与二维地震勘探相比，有如下几点主要的不同之处。

① 三维地震勘探的炮点密度要大得多，因此保证了更大的分辨率。

② 三维地震勘探可以产生三维数据体，在此基础上，分析人员可以在工作站上对其进行任意方向的切片研究。

三维地震的成本较高，不过实践证明，无论在勘探上还是在开发上，这项技术对于分析复杂地质构造和油藏都是十分有效的。三维地震的成本虽然比较高，但是由于可以更好地发现油藏，少打干井以及优化海上平台位置等带来的好处，三维地震还是非常值得采用的。

（3）四维地震勘探：作为一项相对较新的技术，四维地震勘探中把时间作为第四维。其原理是对一个油藏定期进行三维地震测量，来看地下流体随时间的变化情况。

（4）海底电缆：这一技术将检波器置于固定不动的海底电缆中。主要应用于已经密集开发的海上油气田。因为在这种情况下，海上平台会干扰等浮电缆的勘测精度。该技术在四维地震中很有作用。

（5）地震勘探的过程。

第一步数据采集。

油公司通常将这一工作包给专门的地震公司来做。地震公司此外还会自行投资进行一些地区的地震数据采集并卖给感兴趣的顾客。

① 陆上勘探作业：声波脉冲传统上是通过引爆炮眼中的炸药来产生的。在车辆可以进入的地区，也可以通过可控震源来产生相应的地震波。地震车停在作业点，从车身下升起支撑腿将车身支起，然后启动可控震

源发出地震声波。可控震源比炸药快捷方便并且具有环境优势。

地震数据现场采集是一个不间断的过程。一方面要在新的地点施放检波器，另一方面要从已经测过的地方回收检波器。在每一个检波点要使用若干个检波器组成的检波器组。检波点和炮点的位置要经过精确测量。为做到这一点，可能要清理现场，比如清除一些灌木丛之类。如果遇到沼泽、山地或丛林，成本显然将会大大增加。

三维地震数据的采集通过炮点周围布置的测线来实现。

②海上勘探作业：海上的三维地震勘探成本要比陆上低得多（图3-6）。

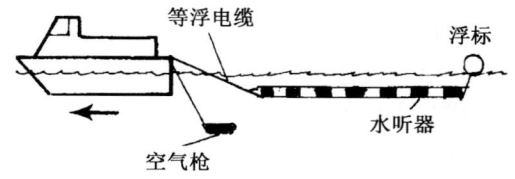

图3-6 海上地震勘探

水听器（水下检波器）组被装在等浮电缆中，等浮电缆由地震船以相当的速度在海面拖曳。炸药或空气枪产生声波脉冲。

地震船的卫星定位系统连续准确地跟踪定位炮点和检波点的位置变化。船上的计算机系统实时地将经过地区的地质构造显示出来。如果在此过程中发现了感兴趣的构造，地震船可以调头回来在交叉的方向上再进行测量。

海上地震勘探的数据质量一般是很高的，因为水是冲击波的良好传导介质。

在取海上三维地震资料时，通常安排2～3艘地震船同时进行资料采集，每艘地震船后面拖有数根检波器等浮电缆。

第二步地震资料处理。

这一步骤通过处理原始数据来将其转化为可应用的形式。资料处理工作由地球物理专家在大型计算机上完成。要处理的数据量是非常大的。目前，在大的石油公司中，地震资料处理所需的计算工作量是最大的。

地震资料处理对油公司来说至关重要。如果做得好，可能会有大的发现，使公司蒸蒸日上；做得不好，可能会漏掉一个潜在的油田。在地震资料处理的发展过程中，不断有新的公司采用新的方法发现了一个个不为其他公司所发现的油田。这样一来，新技术的拥有者就有了短暂的优势，不过其他同行也会很快赶超上来。

鉴于地震资料处理的重要性，许多石油公司都在公司内部采用专有技术对资料进行处理。小公司则会将这项工作转包给专业数据处理公司。

资料处理中的一般过程有：

①静校正——主要用来校正地表松散地层、沙丘和冻土等的影响。

②偏移——用来校正倾斜地层造成的误差（图3-5）。

③亮点处理——亮点处理可以直接发现地下的油气藏。亮点是由于地层孔隙中的天然气造成的。由于充有天然气的缘故，含气地层的声波传播速度会比充满流体的情况下慢，这样就造成了反射波的异常，也就是亮点。

在墨西哥湾及北海地区，油藏中通常都有气顶。采用亮点技术对于发现油气藏是十分有效的。在亮点技术确认的地区打井，很有可能在气顶下面打到油藏。

亮点技术的另一个应用是用来探测浅层天然气，防止在打井时导致井喷和火灾。这种情况在中国南海是一个经常需要考虑的问题。

④暗点处理——暗点异常是由油气藏中泄漏出来的气体造成的。由于油气藏封闭的不完备性，一部分天然气逸散出来并渗透到上部地层，顶替了一部分上部地层的地层水，造成该层声波速度变慢。在三维地层剖面上，这就造成了"烟囱"或"晕环"效应。

第三步地震解释。

地震资料处理的第三步是解释处理后的地震剖面，以决定探井井位的部署。这一程序通常由地质专家来完成，地球物理专家有时也做这一工作。解释人员在地震剖面上辨识出背斜、向斜、断层，并根据亮点判断出油气藏位置。

3.4 其他地质工具

对于构造性圈闭，采用地震勘探的方法，特别是一些亮点技术等方法，找到探井井位不是一件难事。然而，对于地层圈闭，则没有这么容易了。这种情形下，地质专家会采用一些不那么直接的方法来寻找油藏。

3.4.1 扩边法

对于两个已开发油田之间的地区,地质学家会在它们中间按照一定的考虑连接起来,然后在这一潜力区打一口探井。应该意识到,曲线也可以将两个点连接起来。因此任何一条单独的趋势线的把握性都不是很大(图3-7)。

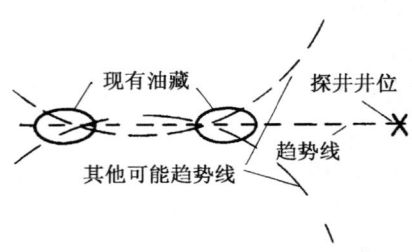

图 3-7 通过趋势线定探井井位

3.4.2 沉积相法

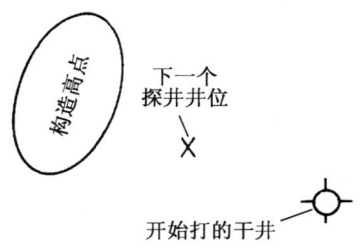

图 3-8 探井布置思路

地质学家通过探寻一个区域的古沉积环境,来考查地层的沉积历史。比如,第一口油井打到了泥岩段,下一口探井则应打在古构造相对高部位方向。这样就增加了钻遇沿岸砂岩沉积体的可能(图3-8)。

地质事件的历史顺序对于找到油气藏也有很重要的参考作用。比如,对于一个构造圈闭来说,如果其形成在运移之后,则其中便不可能有油气储藏。因此,运移时间和圈闭形成时间的先后顺序也是地质学家必须考虑的。

3.4.3 地质制图

地质制图对于石油地质是十分重要的。地质制图综合了大量分散的地质数据,并反映出地下的构造形态及其趋势。因此地质图也是进行预测分析的重要工具。

地质图或显现在纸面上，或是在电脑屏幕上，并且都反映了二维的情况。地质学家需要利用这些二维的图件在脑海中构想出地下的三维图景，因此常常会用到一些彼此正交的二维地质图来帮助思考。

平面图是以竖直向下鸟瞰的视角画出的。露头平面图和等高线图是常见的平面图。

剖面图的视角是水平方向的。剖面图可以从地震资料作出或通过井的资料作出。地层剖面图是常见的一种剖面图。

等高线图上标的深度是以海平面为基准的。比如说，一口从海拔 5000 英尺地面钻的 15000 英尺深的井，在地图上标注的埋深应该是 −10000 英尺，也就是海平面下 10000 英尺。一口从 12000 英尺海拔地面钻的深达 22000 英尺的井在图上标注的深度也是 −10000 英尺。对于井底海拔在海平面以上的，其深度标注为正值（图 3-9）。

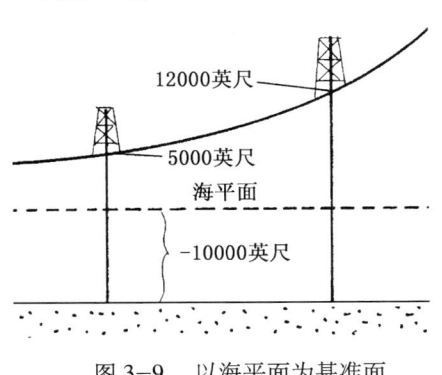

图 3-9　以海平面为基准面

通过采用海平面作为基准，地面上起伏的地貌对地层深度标注的影响就被消除了。

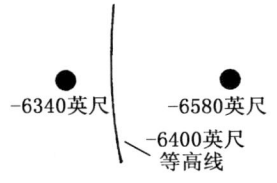

图 3-10　数值间内插

在各个点的深度数据标注完成后，就可以按一定的深度差，比如 100 英尺，画等高线了。两个数据点之间的等高线位置可以按照插值来计算。如图 3-10 所示，−6400 英尺的等高线穿过 −6580 英尺数据点和 −6340 英尺数据点之间。由于等高线数值相对接近于 −6340 英尺数据点的深度值，因此该等高线距 −6340 英尺数据点相对较近。

在等高线画完之后，可以看出高构造部位看上去就像一座座山，而构造低部位看上去则像山谷。等高线越密的地方，说明坡度越陡（图3-11）。

在画等高线图时，要注意的几点是：

（1）等高线永不相交。

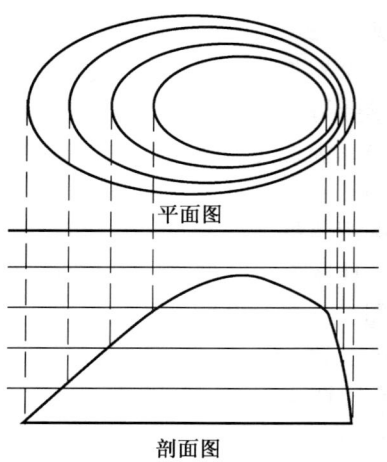

图 3-11 等高线图

（2）实际情况中很少出现直的等高线，应该画成光滑的曲线。

（3）每一条等高线与其邻近的等高线在形态上应协调一致。

等高线图的绘制较为烦琐，不过其绘制是非常有必要的。因为这样一来，一些可能被忽略的潜力构造就可以被清晰地反映出来了。计算机生成的等高线图最后也需要进行一定的人工修正以最大限度地正确反映地下构造形态。

4 合同及法规

4.1 土地所有权

在美国，土地所有权分成两个部分，即地面部分和地下部分。一个区域的地上或地下所有权可以分别或一起买卖及租赁。当土地所有权同时包括地面及地下部分时，称为绝对所有权。

美国大部分土地为私人及公司所有，不过联邦政府也拥有可观的土地。在美国西部的一些州及阿拉斯加，政府拥有大部分的土地。

在海洋地区，大多数州拥有从海岸线到海上3英里的海洋地带。得克萨斯州和佛罗里达州拥有10.5英里的地带。

联邦政府所有海域从海岸线一直到大陆架边缘（定义为200英里范围或水深8500英尺以内范围）。这些联邦政府所属海域称作外大陆架（OCS）。

世界范围内，只有美国和加拿大有矿产私人所有权，在世界其他地区，矿产全部归国家所有。

4.2 在美国获得采矿权

4.2.1 矿区租赁

尽管矿权可以直接购买下来，油公司通常会选择向所有者租赁矿产所有权进行油气勘探开发。

租赁合同详细规定了租赁的地表范围和深度范围。大多数此类合同对深度没有限制，但有一些会将其限制在某一深度范围内，比如4000英尺到8500英尺等。

与政府签订此类租赁合同，其合同条款一般是固定的和不可谈判的。合同的授予通常通过招标决定，对于热门资源尤为如此。联邦政府矿产资源管理部门每年仅就海上资源租赁合同签字费一项就可以收取几亿美元。那些不那么热门的矿产区，比如大多数的陆上地区，通常按照先来先得的原则授予。

与土地私人所有者，比如农场主或牧场主打交道时，合同的每一条款都要经过谈判。如果在租赁区域内尚无打井先例，则租赁价位会比已钻井区域的合同规定便宜得多。如果这一地区已经有若干家公司在打井，则土地所有者就会占有谈判优势，索要较高的费用。

有关土地的谈判由专业的律师来完成，这些人员与土地所有者间良好的沟通和人际关系也对最终价格的确定有影响。土地租赁合同中的一些主要条款包括如下：

（1）租赁期。合同中的重要一项是租赁期，比如5年。如果到了这个期限，还没有发现工业性可开采的矿产资源，则宣告租赁期结束。如果发现工业性资源，则租赁期自动延长直到开采期全部结束。

（2）签字费。在签订租赁合同后，土地所有者通常要收取一笔签字费。这笔费用的大小取决于土地的热门程度及双方谈判的结果。对于远离石油勘探开发区块的地区，土地租赁可能会很便宜，低到1美元/英亩❶。在一些石油勘探开发的潜力区块，则可能高达每英亩数千美元。

（3）矿区使用费。矿区使用费是土地所有者收入的主要部分。按合同规定，租赁区内所产的每桶油或每单位体积天然气的固定一部分作为矿区使用费，要纳入土地所有者的腰包。矿区使用费是一种干股，土地所有人不需承担任何投资或作业费用。

历史上，矿区使用费所占比例通常是1/8。然而近年来，一些热门矿区的土地所有者索取到了更高的矿区使用费比例，达到了1/4乃至于1/2。美国联邦政府，作为大陆架土地所有者，收取的矿区使用费为1/6。

（4）钻井义务工作量。油公司在租赁合同中要承诺在固定的时间内打一定数量和深度的探井。如果这一最低义务工作量没有按时完成，则合同中止。有时合同中会规定另一选择，那就是由油公司付给土地所有者一定的滞期费来代替打井。

（5）现场进入。租赁合同给油公司以现场进入作业区的权利，包括修路、井场和罐区等。如果地面有污染破坏，土地所有者要收取补偿金。

---

❶ 1英亩=4047平方米。

4.2.2 后续交易

在租赁合同拿下来后,油公司有如下几个选择继续作业:

(1) 独自开发。如果油公司对区块兴趣和信心很大,且有充足的资金作为后盾,则会选择独立地对区块进行勘探开发。

如果需要追加投资,油公司可以考虑向银行或其他方面贷款,并以公司在其他区块的部分产量作担保来偿还贷款。

(2) 寻找合作伙伴。如果感觉投资过大,油公司还可以考虑寻找合作伙伴共同承担投资并按相应比例进行产品收益分成。在这种情况下,其中一个主要的投资方作为作业者进行实际的作业,另一方则付给其相应的费用。

(3) 转包。油公司可能在其他区块有着更重要的目标区,因此会选择将当前的区块转包给第三方。

转包的方式是可以降低财政风险的一项举措。举例来说,甲方将区块作业转包给乙方后,乙方承担全部的钻井费用。在有油气产出后,甲方按一定比例从乙方油气销售收入中提成。这种提成方式可以是二次矿区使用费的方式,比如提取乙方收入 7/8 的 1/8。二次矿区使用费与土地所有者收取的矿区使用费一样,也是一种干股收入。甲方的另两种选择方式可以是从利润中提成或在有油气发现后,以一定的比例,比方说 50% 的比例参股,与乙方进入合作开发。

另外一种转包的方式是由甲方将矿区按棋盘模式分割成若干块,乙方可以通过在互相隔开的块内打井而获得这些块的开发权。这样,勘探风险就被转嫁给了乙方。因为,如果在其中的一个块上打井取得了发现,那么其邻接块很有可能也有发现,而这一块恰好还在甲方的名下,甲方此时便可在该块展开开发了(图 4-1)。

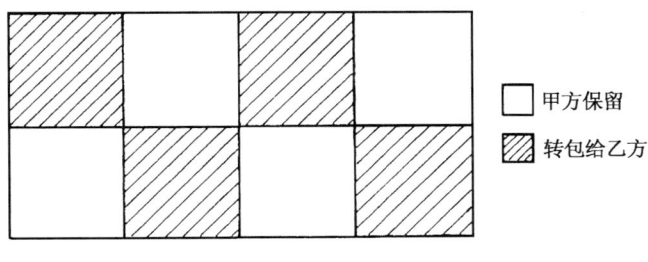

图 4-1 棋盘式转包

(4) 钻井风险基金。一些石油公司通过吸收几个有限责任合伙人作为股东来建立钻井风险基金。这些投资者从产品收益中提取红利，但对作业没有发言权。他们的责任也是有限的。

因其较高的所得税率，风险基金并不是十分热门。

在钻井风险基金大行其道的日子里，有的项目推广人大肆哄骗不明就里的投资人。当一般合伙人向有限责任合伙人推销其收益股权时，他并不考虑油井未来的情况会怎样。他在这种情形下，首先把油井当成了一种幌子。这样一来甚至导致一些人在路边显眼的地方打井来吸引投资人的眼球。这种情况下，项目所有者只在意油井的初期产量以吸引投资人，对于油井的长期生产及利润潜力则置之度外。

可以公平地说，钻井风险基金这种方式是一种天生就存在缺陷的投资机制，因为在这一机制中，一般合伙人与有限责任合伙人间的利益取向是根本不协调的。

4.3　监管法规

海外油田开发通常只涉及跨国石油公司和油田所在国的国家石油公司。法规监管的功能也很单一，主要是关于合同的强制执行。

在美国陆上开发一个类似的油田则可能要涉及数家作业公司及十数个土地私人拥有者。相应的法律法规也就变得复杂得多了。

有油气生产的各州都有自己的油气管理机构。在得克萨斯州，这一机构是得克萨斯州铁路委员会；在俄克拉何马州，这一机构是俄克拉何马州公司委员会，等等。联邦所有土地的相应机构是矿产管理局。

接下来阐述各个矿产管理机构的主要职能。

4.3.1　保护土地所有者的相关权益

(1) 捕获规则。在打完一口井并进行生产之后，会在油井周围地层产生压力降。该压力降会使油藏流体流向井筒。

油气从油藏向井筒的流动，可能会越过产权边界。针对此种情形，订立了所谓"捕获规则"。这一规则专门针对油气开采或动物捕猎。这一法规认可产权边界内的油井所产的一切油气都是属于生产人的，不考虑地下原油是否来自其他产权地区。

(2) 斜井。历史上，在得克萨斯州东部原油开发的热潮中，一些胆大妄为的油气生产者打了不少斜井伸到别人的地盘下面偷采石油。对此,一些专门的法规规定,每口井的井底位置都要测定。

(3) 边界井钻井规则。如果油藏是跨边界的,其中一个产权所有人便可以通过在边界附近打井的方法,尽力抽取他人边界内的石油。这时,受侵犯的这一方就只好如法炮制,采取同样措施在自己这边打边界井拼命开采。

针对这种情况,出台了所谓边界井钻井规则,规则规定,承租人在取得租界后,必须第一时间在租界边缘打边界井。如果没有此种强制规定,承租人可能因不了解油藏是否跨越边界而选择在以后的时间,根据更多的信息再决定打不打边界井。因此该规则虽然导致了一些干井的产生,却保护了出租人的利益。

4.3.2 提高石油采出程度

捕获规则使得人们抢在他人之前拼命地尽量开采地下原油。这就引发了一轮轮破坏性开采。采出的天然气被白白烧掉,迅速下降的油藏压力导致了最终采收率的降低。

对此,出台了一系列鼓励提高采收率的法规。这些法规既鼓励提高采收率,又力图避免打过多的井,造成浪费。这些规则的执行部门的任务就是:提高采收率的同时实现利润最大化。

(1) 井距规则。该规则规定了井单元最小面积,比如 40 英亩。这一数字是个大概的估计,即此油井单元面积是单井生产所能控制的最大面积。同理,由于天然气黏度比油低得多,单井流动控制面积也大得多的缘故,气井的最小面积单元规定为 640 英亩。

规则规定的最小面积单元随深度增加而增加,这是因为考虑到随深度增加,钻井成本增加的缘故。法规对于采收率和利润率的双重考虑在这里体现了出来。

进行钻井项目申请时,必须附上钻井平面图,对钻井单元面积进行标注,同时图上还应有其他已批准打井地区的油井单元面积情况。钻井单元一般来讲是正方形的,有些时候也允许有所变化。

如果土地被分成若干分包块的话,几块合在一起可能才能满足钻井单元的划定。特别是在划定 640 英亩的气井单元时尤为如此。这种情况下,几家分包者按各自贡献的面积分成。

(2) 产权边界最短距离。法规规定了油井距产权边界线的最短距离,这一距离一般是 660 英尺。规定这一距离是为了尽可能减小地下油气的过边界流动。

(3) 单井产量上限。法规中规定了每一油田的单井产量上限。

单井产量上限的规定是为了使油藏压力能够平稳下降,防止过快地产生压力衰竭。考虑到经济因素,井越深,其单井产量上限也要高些。

高气油比的油井,单井产量上限较低。这是因考虑到了产出的天然气也会加速油藏压力衰竭而制定的。

有一些新井的产量要比规定的单井上限产量小,这种情况下,其上限产量按照 24 小时试油产量来确定。随着油田开发的进行,新井的产量逐渐下降,其单井产量上限也需根据月度测试不断下调。这样一来,对于某一个月份,进入罐区的总油量可能等于全部油井单井产量上限之和。

在美国,油田开发基本都已进入了成熟期,很少有油井产量超过其最高限额,也就是说没有剩余生产能力。

(4) 生产配额。历史上得克萨斯州铁路委员会通过生产配额这样一种方式,在几十年里稳定了世界油价。生产配额的作用方式是规定每月的生产天数。比方说,八月份的生产配额是 10 天,那么对一个罐区,这一月份可以售出的原油为 10 天的限额量。

得克萨斯州已经有很久没有实行这种配额制了。在过去的二十年里,由于美国的生产能力不足,而成了一个原油进口国。当前,美国消费的一半以上原油来自进口。

(5) 其他政策。在二次或三次采油项目开展之前,管理部门要举行听证会来根据油藏状况及经济指标进行审议,并对相关权益进行保障。

一个大的项目通常会跨越数个地面租区。这些不同租区的产权人可以根据各自贡献的大小得到相应项目权益。在计算各自贡献时,要用到大量油藏工程知识,所得结论要得到管理部门的审批认可。

此外,管理部门还要负责界定油田在平面和纵向上的分布界限。由于岩石性质变化的原因,垂向的界定需要做许多工作。比如说,对于一个孤立的储层,到底是将其划入主力产层的一部分还是作为一个单独油藏就可能较难决断。如果将其作为主力产层的一部分,则增加在该产层上的额外成本就会很小,反之,操作者对于该产层就要花费单独完井的成本。

4.3.3 健康及环保

（1）指定套管及固井的标准以及油井放弃的程序。
（2）天然气火把、岩屑的处置以及原油或盐水泄漏的控制和清理。
（3）对于有毒的硫化氢气体、化学品及安全控制系统等制定安全标准。

4.4 国际石油合同

4.4.1 东道国的目标

东道国需要作业者的技术和财力来启动对地下原油的开采，同时也看重石油作业给本国人提供的就业机会。

（1）专业技术。油公司的专业技术体现在石油技术和石油作业管理上。同样重要的还有油公司的企业精神，这种精神在石油这种高风险领域是很必要的。

（2）资金。东道国政府在石油项目上的资金困难由以下几个原因造成：

①石油工业是资本密集型工业，需要大量的资金投入。
②大量的资金投入（比如勘探）面临着沉没的风险。
③找到并开发一个油田通常需要数年的时间，因此大量投资在长时间内得不到任何回报。

（3）工作岗位——本国雇员对外方雇员。合作项目中的工作岗位分配常常成为作业公司同东道国发生摩擦的因素。在这方面，东道国与作业者的利益是有根本分歧的。

东道国会尽可能增加本国人在项目中的工作岗位。这不仅涉及经济的问题，而且涉及国家荣誉的问题。东道国尤为重视的是将本国人员安排在管理和专业技术岗位。

另一方面，作业者则希望在关键岗位安排自己国家的人员。作业者公司内部有一些国际合作项目的专门人才，具有多年的国际石油合作项目运作经验，与公司在世界各地的项目人员有着良好的沟通。东道国一般则很少有这样的人员。

长远地考虑，解决这一问题的关键是逐渐雇用东道国人员来顶替。这样一来，关键岗位就不再是非欧美人员莫属了，同时也就减少了许多来自东道国的非议。

短期内，东道国在人员岗位方面会采取强制制定双方人员数目的方式来解决。

4.4.2 作业公司的目标

作业公司的目标是建立有利可图的合作项目，其中的关键因素如下：

(1) 地质油藏潜力。合同区必须有足够的资源潜力。

(2) 财政因素。考虑到作业者所承担的风险，合同条款应给予适当地放宽。另外，作业者应能够自由将现金带出东道国。

(3) 政治风险。东道国在执行合同方面应长期信守承诺。

4.4.3 国有化的风险

商业开采初期是一个关键时期。截止到这个阶段，作业者已经投入了大量资本并采用自己的专业技术发现并开发了该油田。这时，东道国可能会产生对该油田进行国有化的想法。

在进行国有化方面，东道国有自己的一套较为隐蔽的办法。比如，提高相关税率、限制配产、关税及有关许可证费用的提升等。这些隐蔽的方式可以迅速地做到降低作业者利润，从而达到将作业者挤走的目的。

有一点作业者要清楚认识，那就是，如果东道国人民觉察到外国作业公司正在赚取过多利润，也就是暴利，东道国政府就会受到很大的压力来中止与作业者的合作。不管东道国的政治体制如何，政府在该种情况下的反应都是一致的。

这样一来，对作业者来说，最可靠的做法就是让东道国对自己的技术保持不断的依赖。其中的一种情形可能是开发不断向深水区开拓，这样就需要越来越复杂的技术了。然而，即使是在这种情况下，公司也要准备接受中等的利润水平。事实上，要避免国有化的命运，作业者就必须避免过高的利润。

4.4.4 合同的类型

各国的作业者与东道国间的合同各不相同,大概可以分为三类:

(1) 特许权合同。作业者作投资决定,管理日常作业,独自承担勘探、开发及作业费用,自行销售生产出来的油气。

东道国政府按产量比例收取矿区使用费,矿区使用费为干股。此外,对于销售利润,东道国还要收税。

特许权合同在美国、加拿大和北海地区采用。

(2) 产品分成合同。与特许权合同相同的是,作业者负责日常生产、费用和产品的销售。然后作业者从费用回收油中回收投资。费用回收油是按照合同中规定的比率,从总产量中划出来的。剩余的产量,也就是利润油,按照合同中的产品分成条款在双方之间分配。政府同时还要对利润收税。

在有一些产品分成合同中,针对小油田,给予作业者的分成比也较大。这样一方面可以起到鼓励作业者开发小油田的作用,另一方面可以使作业者避免在大油田取得暴利,导致国有化的危险。

(3) 服务合同。东道国政府——通常由国家石油公司代表,在严格监督的同时,根据产量,按照美元/桶付给外国作业者费用。东道国政府承担全部投资,外国公司没有产品所有权益。

5 油藏动态

5.1 油藏流体

5.1.1 定义

流体：流体就是这样一种流动物质，其在外力作用力下会发生连续形变。气体和液体都是流体。

API 重度：API 重度用来表征原油流体的密度。API 重度越大则原油的密度越小。API 重度与相对密度的关系是：

$$\text{API 重度} = 141.5/\text{相对密度} - 131.5$$

石油气：石油气是石油中在标准状态（60 ℉及 14.7psi）下呈气态的成分，如标准状态下，丁烷是气态的而戊烷是液态的。

溶解气：溶解气是指在油藏条件下溶于原油中的天然气。在这种情况下，天然气呈液态存在于原油中。

临界饱和度：油、气或水在油藏中呈可流动的连续相的最小饱和度（见关于相对渗透率的叙述）。

泡点：油藏压力如果在泡点以上，则所有的天然气都溶解在原油中，没有自由气相存在。随着生产的进行，油藏压力下降，天然气从原油中释放出来，形成游离气相。

凝析油：凝析油在油藏条件下呈气态，到达地面后变成液态。凝析油挥发性很强，颜色为无色透明或呈浅黄色。

黏度（μ）：黏度是流体抵抗流动的量度。流体越稠、越黏则其黏度越大。原油黏度的单位为厘泊（cP）❶。

地层体积系数（β）：其反映了地面原油与油藏条件下的体积差别。原油的体积系数是指每桶储罐条件下的原油在油藏条件下的体积。大多原油在储罐条件下体积要减小，这是由于溶解于其中的天然气挥发及温

---

❶ 1 厘泊（cP）= 10^{-3} 帕·秒。

度降低造成的。所以原油的地层体积系数要大于1。

生产气油比：生产气油比指每生产一桶地面原油所产出的天然气体积（SCF/STB）。

溶解气油比（R_s）：指每单位体积地面原油在油藏条件下所溶解的天然气体积。

气顶：气顶是指圈闭中原油之上封闭的游离气。在有气顶存在时，油藏处在泡点压力下。

伴生气和非伴生气：伴生气包括溶解气和气顶气，它们都与原油伴生。非伴生气是指从纯气藏中产出的气，气藏中无黑油存在。

采收率：采收率是指在一定的经济技术条件下所能采出的总地质储量的百分比。

与采收率相关的名词如下：

一次采油：单纯采用天然能量来开采地下原油的方式。

二次采油：一次采油完成后，向地下注入能量的开采方式，比如注水开发的方式。

三次采油：在二次采油之后，可以开展三次采油。比如在注水开发后，进行CO_2驱。

保持地层压力：在一次采油地层压力衰竭之前采用注水等开发方式保持地层压力。

提高采收率：指注水、注汽、注CO_2等开发方式。

5.1.2 流体系统

油藏中的烃类成分各不相同，在此基础上，油藏流体在开采时的流动方式也各有不同。

以下按照简单的分类对这些地下油气流动系统作一介绍。这些分类基于油气的重质成分的多少。我们先从最重的开始介绍。

（1）沥青：

$4 <$ API 重度 < 10

$1000000 > \mu$ (cP) > 5000

$\beta = 1$

$R_s = 0$

沥青的轻质成分最少，黏度很高，在油藏条件下几乎不能流动。对于此类沥青油藏，如果其埋藏很浅，则可以通过采掘的方式进行商业开采。因此这种沥青油藏对于采矿业是有吸引力的，而对于油气工业则没有吸引力。

（2）稠油：

$10 < \text{API 重度} < 20$

$5000 > \mu \text{（cP）} > 100$

$1.0 < \beta < 1.1$

$R_s < 50$

稠油较之沥青，轻质成分多些，并有少量的溶解气。稠油在油藏中可以缓慢流动。然而，为了达到商业性开采，必须通过向地下注入蒸汽的方法来降黏。

（3）黑油：

$20 < \text{API 重度} < 30$

$100 > \mu \text{（cP）} > 2 \sim 3$

$1.1 < \beta < 1.5$

$50 < R_s < 500$

黑油的黏度较低，可以在油藏中流动，一般可以实现商业开采。然而在生产开始后，由于黑油中十分有限的溶解气会很快消耗殆尽，油藏压力会迅速下降。因此，一次采油的采收率是比较低的，应该接下来进行二次采油。

（4）挥发性原油：

$30 < \text{API 重度} < 50$

$2 \sim 3 > \mu \text{（cP）} > 0.25$

$15 < \beta < 2.5 \sim 3.5$

$500 < R_s < 2000 \sim 6000$

挥发性原油由于黏度低，流动性好，产量高，其较高的溶解气油比可使其达到较高的采收率。同时，这种原油还含有较多的汽油馏分，因此这种原油油藏是最受青睐的。

（5）反凝析气：

$55 < \text{API 重度} < 70$

凝析油 $\mu = 0.25 \text{ cP}$

$2000 \sim 6000 < \text{初始} R_s < 15000$

反凝析气藏中的烃类在初始状态下呈气态。在开采初期，采油管线中会有大量凝析油析出。之后，随着气藏压力的降低，开始在地层中析出凝析油。"反凝析"指的就是这种压力变低析出液体的行为。因为在通常情况下，压力升高才会导致液化。

（6）湿气：

凝析油 API 重度＞60

凝析油 μ =0.25 cP

2000～6000＜初始 R_s ＜15000

湿气气藏中的烃类全部呈气态。在开采的过程中，由于温度降低，地面采油管线中会有液态烃析出。

（7）干气：

干气天然气主要由甲烷组成，伴有少量的乙烷、丙烷和丁烷。这种气藏不产凝析油。

5.2 油藏——一次采油

下面将要讨论的油藏驱动机理只对黑油油藏及挥发性原油油藏有效，也就是原油的 API 重度大于 20 的。稠油、焦油及沥青在一次采油方式下通常是采不出的。在油田开发过程中，多种油藏驱动方式可能同时作用，这里分别讨论。

5.2.1 溶解气驱

世界上大约有三分之一的油藏以溶解气驱作为主要的驱动方式。其他的油田也大量采用溶解气驱。因此，此种驱动方式是最为广泛地被采用的。

由于一个纯溶解气驱油藏是没有气顶的，所以其压力要高于泡点压力。没有侵入水，也就没有足够的底水实现底水膨胀驱动。

如图 5-1 所示，溶解气驱从开始到结束可分为四个阶段：

第一阶段：开采开始时，油藏压力迅速下降到泡点压力。在此段时间，尚无游离气相，所以生产气油比与溶解气油比相同。

第二阶段：当压力降至泡点以下时，生产气油比暂时降到了溶解气油比以下。这时因为一些溶解气释放了出来形成游离相，不过还没有达到临界饱和度，不能流动。产出的气只是剩余的溶解气。游离气相的膨胀减缓了压力的下降。

第三阶段：游离气饱和度超过临界饱和度后，与油一起产出。随着油藏压力的进一步下降，生产气油比升高。

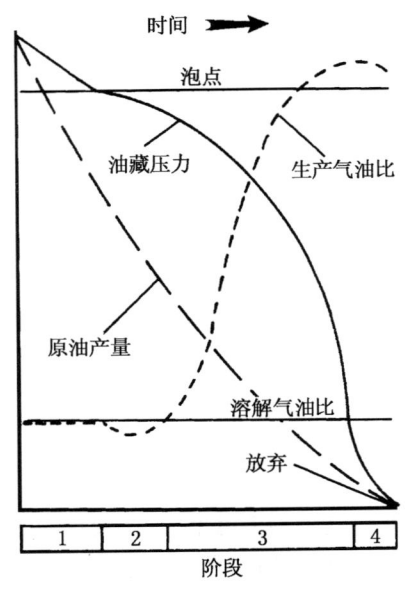

图 5-1 溶解气驱

由于压力持续下降导致的气体膨胀是主要的驱动机制。此外,油的膨胀也起到一定作用。

由于压力下降变缓,原油产量下降速度变慢;气相饱和度增加、油相饱和度下降则成为使原油产量下降的因素。

第三阶段的后期,由于气体大量采出,导致油藏压力下降很快。

第四阶段:生产气油比下降,地层原油变为脱气原油,产量降到经济极限。

溶解气驱油藏的最终采收率变化范围较大,从 5% ~ 30%,平均为 15% ~ 17%。也就是说,在溶解气驱一次采油过后,地层中还有 70% 以上的原油未采出,因此适合于下一步进行二次采油。

5.2.2 水压驱动

水压驱动油藏与水层连通,水层中的水可以全部或部分地补充采出的流体,从而补充了地层压力,可以达到较高的采收率。

水压驱动油藏采收率最高可以达到 70% 以上,平均达到 35% ~ 40%。其他一次采油方式都达不到这么高的采收率。世界上大概有三分之一的油田为水压驱动油田(图

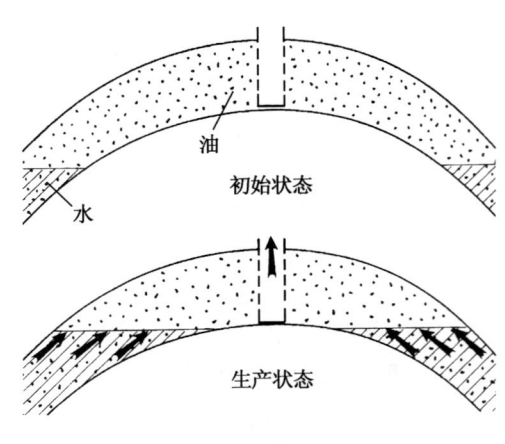

图 5-2 水压驱动油藏

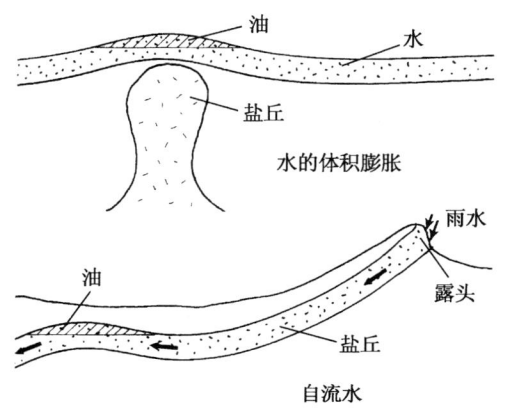

图 5-3 水压驱动类型

5-2)。

水压驱动大概可以分两种情况（图 5-3）：

(1) 油藏中存在大的活跃水体。

(2) 因高部位地层露头而受到自流水压头作用。

水侵速度因油藏不同而各不相同。对于部分水驱油藏，压力随产量下降较快，溶解气驱转而成为主要驱动方式。对于活跃水驱，压力较稳定（图 5-4）。

活跃水驱包括以下几种情况：

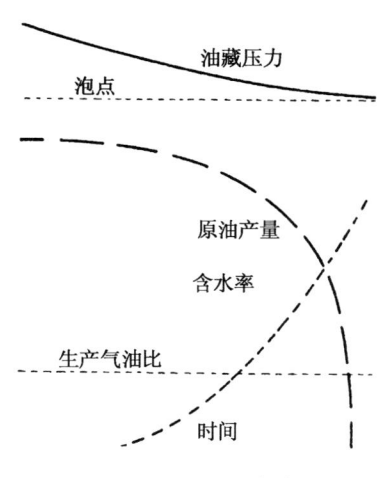

图 5-4 水压驱动特点

(1) 压力维持稳定，因为侵入水补充了采出流体占有的空间。

(2) 一定时期后，油井会出水。含水率不断上升，直到报废（含水率超过 95%）。

(3) 生产气油比保持恒定，因为始终达不到泡点。

(4) 开始阶段原油产量恒定，这是因为压力下降很小的缘故。油井见水后，由于含水率上升，原油产量下降。

5.2.3 气顶驱

气顶油藏中的气顶在采油过程中通过不断膨胀提供驱替动力。压力下降较慢,采收率较高,平均可以达到30%～40%(图5-5)。

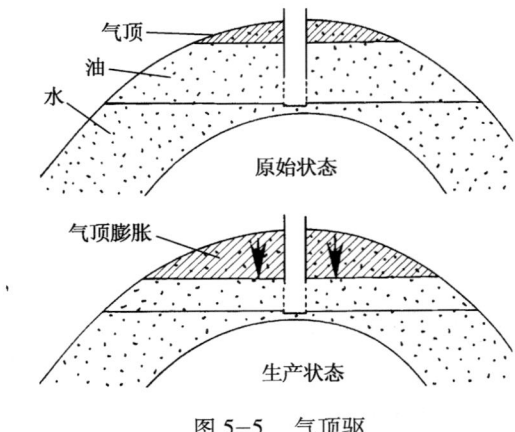

图5-5 气顶驱

当有气顶存在时,最好先单采原油。气顶膨胀,在开发过程中减缓压力下降速度,提高采收率。在原油采完后,才开始采气。

气顶一开始处于泡点压力之下。对于不大常见的大气顶油藏,气体体积是油体积的数倍,直到油全部采出,压力也不会下降到泡点压力以下,也就是始终没有溶解气释放出来。

对于小气顶油藏,在开采过程中,压力会显著下降,这时会出现溶解气驱,同时也会带来油相的相对渗透率下降,从而影响最终采收率。

因此,气顶油藏的气顶驱有效性取决于气顶体积相对于原油体积的大小。

5.2.4 重力驱动

油藏压力衰竭开采后,在垂向渗透率很大的情况下,油气会在重力作用下分离,油会向油藏较低部位沉降,可以采出。在世界范围内,重力驱动不是主要的开发驱动方式。

5.2.5 压实驱动

异常高压地层在开采时的压力下降可以由地层压实来减缓。北海白垩油田就是一个例子。

5.3 气藏

5.3.1 湿气和干气气藏

湿气和干气气藏的开发机制是相同的，因其在地层中都呈气态。

天然气的黏度非常低（一般低于原油黏度的百分之一），所以在地层中容易流动。因此气井的井距较之油井大得多。

气藏的膨胀驱动机制很简单。气体在开采过程中不断膨胀，直到压力释放完毕。一些情况下，会采用压风机来抽出最后剩余的地下气体。气藏采收率通常可以达到95%。

与原油不同的是，气体的膨胀系数很大，所以其地面体积要比地下体积大得多。根据理想气体方程可知，天然气在地下的体积与地层压力直接相关。比方说，在气藏压力为 5000 psi 的情况下，地下每立方英尺可以容纳标准条件下地面上 340 立方英尺❶的天然气。

不是所有的气藏都有恒定的体积。在气藏的开采过程中，也经常会发生水驱作用。但这种作用一般认为是不利的，因为会有大量的气被绕过。压实驱动机制同样也是存在的。

5.3.2 反凝析气藏

反凝析气藏初始阶段的利润很高，每百万立方英尺天然气可产两三百桶凝析油。然而，当气藏温度降到露点以下时，问题就来了。这时，会在地层中形成凝析油。这就带来了两方面的问题：其一，凝析油开采带来的利润大部分损失掉了；其二，也是更为严重的，由于气藏地层中凝析油的存在，大大减小了气的相对渗透率，导致气产量严重下降。这

---

❶ 1 立方英尺 =0.0283168 立方米。

样一来,该气藏的利润便较之以前的估计大打折扣了。

这一问题的解决办法之一是循环注气。这一过程为,首先去掉产出气的凝析成分,然后将剩余的干气注入地层。这些干气可以带出地层中的凝析油,这部分凝析油在地面分离后,干气再度注入地层,如此循环往复。这种方法可以达到很高的采收率。

循环注气的一个弱点是,如果有对干气的市场需求,哪怕价格很低,资金的时间价值都会使得循环注气这一方式变得不经济。这种情况下,要想让气藏的现值达到最高,最佳方式是卖掉产出的干气,然后放弃被凝析油堵塞的气藏。

因此,循环注气工艺只有在气藏远离市场的情况下才是经济可行的。

5.4 注 水 驱

注水是一种二次采油方式。它在一次采油,即溶解气驱后开始。一般来说,注水开发可以再采到一次采油累产量的一半。

近年来,注水在油田开发的一开始就被采用。这一"保持地层压力"的措施,不仅从资金的时间价值上看是有利的,而且可以导致较高的最终采收率。

注水作为一种二次采油方式,在世界上有着广泛的应用。据说注水机制是在偶然条件下被发现的:由于套管漏的原因,一些地层的地层水进入到了已衰竭的产层使周围井见效。在这之后,很多井通过射开上部水层来达到注水驱的目的(图5-6)。

注水驱的许多有利因素导致了其广泛应用。

(1)地层水到处都有而且便宜。很多油田的产出水量很大,需要处理,注水工艺使得这些水得到了利用。在这些回注污水中加入的新鲜地层水也很容易从邻近地层中打到。

(2)产出水由于也是产层中采出的,因此与产层的配伍性好。如果采用其他的水源,可能

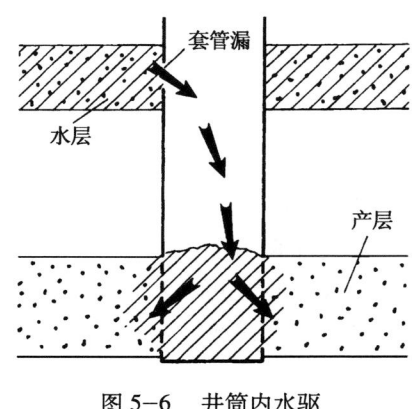

图 5-6 井筒内水驱

会因配伍性不好，导致固体颗粒沉降堵塞地层孔道。

（3）注水设施简单且便宜。尽管地层水有一定的腐蚀性，如果采用不锈钢阀门和塑料内衬的管线，这一问题则可以得到较经济有效的解决。

（4）注水是一种较安全的工艺。因为地层水无毒、不燃，同时注水工艺压力也不是很高。

（5）注水工艺最大的优势是经济可行。

地层水与油不相混合，因此水驱是一个非混相驱过程。

5.4.1 润湿性

因为在盐水环境下沉积的缘故，大部分岩石颗粒都是水湿的。在此情况下，水而不是油，会紧贴在固体表面上。水湿作用可以在给车打蜡时观察到。当车需要打蜡时，雨水落到汽车表面会成膜状铺开来。这种固体表面和水之间的吸引清楚地表明了固体表面是水湿的。然而，在给车打蜡后，雨水在车表面则会呈现出小水珠状。固体表面这时在排斥水，说明石蜡已经使得汽车表面变为油湿了。

5.4.2 毛细管力

固体表面和流体间的作用力形成了毛细管力，这种力在水驱作用时十分重要（图5-7）。

把玻璃管放入一盆水中，可以明显地观察到毛细管力的作用。由于干净的玻璃内表面是水湿的，其对水的吸引拉动管内的水柱升高到高于盆中液面的位置。较小管径的玻璃管中，由于液柱的重量较之吸引力为小，因此升起的液柱高度要更高些。地层中的水湿孔道就起到了毛细管作用，拉动水穿过地层。

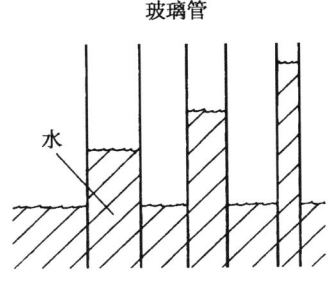

图5-7　毛细管力

尽管注水泵压力才是注水驱的主要动力，毛细管力在微小孔道的水驱油过程中起到了不可或缺的作用。

5.4.3 波及系数

水驱采收率不仅取决于以上讨论的微观驱替,还取决于波及系数。

水驱通常被想象成活塞驱,前面有一个集油带被从注水井驱向生产井。这种模型是一种过于简化的模型。

5.4.4 流度比

流体的流度比代表流体流过油藏的难易程度。对于水驱油藏,流度比是水的流度与油的流度之比。

流度比影响着水驱的波及效率。如果油藏中的原油黏度较大,与黏度相对小得多的水相差很大,则会出现水窜,并出现死油区。反之,如果原油黏度较小,而驱替水又加入了增加黏度的聚合物,则驱替前缘就会稳定得多,使得波及系数大大增加。流度比等于或小于 1 被认为是有利的,大于 1 则被认为是不利于波及效率的。

流度比与黏度和相对渗透率有关,一般的,黏度大的稠油水驱效果不如黏度低的稀油水驱效果好。

5.4.5 油藏非均质性

我们通常会想象油藏是均质的,而事实并非如此。形成油藏的机理是千变万化的,因而形成的油藏无论在纵向和横向上都是非均质的。

最常见的非均质性是垂向上的渗透性隔层。由于沉积环境随时间上的变化,均质砂岩中会沉积有几乎难以察觉到的黏土层。这些黏土层将均质的厚砂层分割成了一个个较薄的砂层。

碳酸岩油藏通常比砂岩油藏的渗透性非均质更强。拿白云岩渗透率来说,其渗透率变化非常之大,因为在已生成孔隙中会沉积碳酸钙。

油藏的非均质性导致了水驱油藏中贼层的形成。这样就导致了油井的过早水淹(图 5–8)。

在现场注水实践中,大量的地层原油被注入水绕过,油井会因水窜过早见水。水窜层形成了水通道。为保持足够的压力来驱替未水淹层,注水速度要加以提高。这样可能需要安装更大的水泵。油井的含水不断加大,直到经济极限,即 95% 的含水率。

5 油藏动态

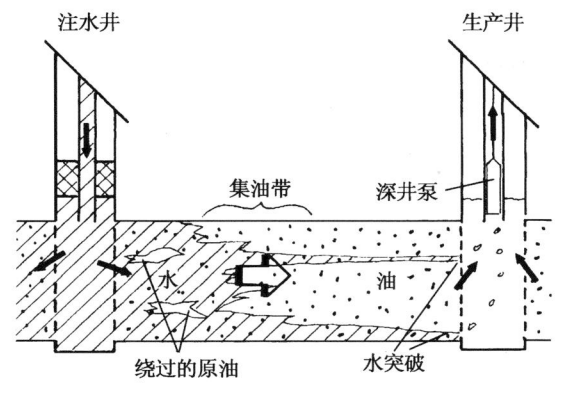

图 5-8 水驱

5.4.6 井网

20 世纪 50 至 60 年代，油井注水刚刚实行，对一些井组进行了边缘注水试验。在这些井组中，注水井从油田边缘均匀注水，以达到最大的采收率（图 5-9）。

不过，生产结果表明，这种注水方式受效太慢，不能够达到最佳的经济效益。

于是，大家意识到，要

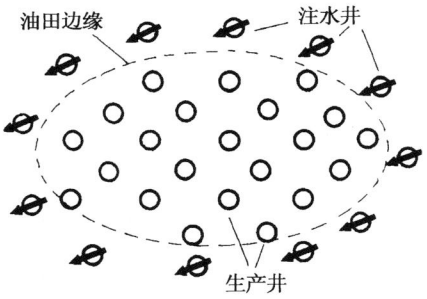

图 5-9 边缘注水

达到更好的效果，应该在井组中安排更多的注水井。事实上，当前的注水方式基本上是一口注水井对一口油井。油水井在这种情况下为五点法排列。如果该油田开始阶段为一次压力衰竭采油，则在注水阶段可以转部分油井为注水井（图 5-10）。

对于五点法井网，每个井组有五口井，包括一口注水井和四

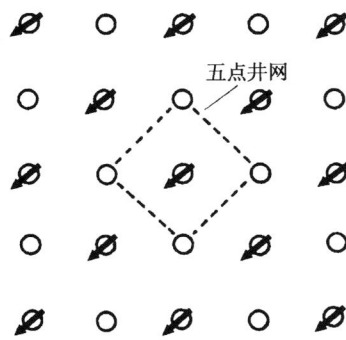

图 5-10 五点法注采井网

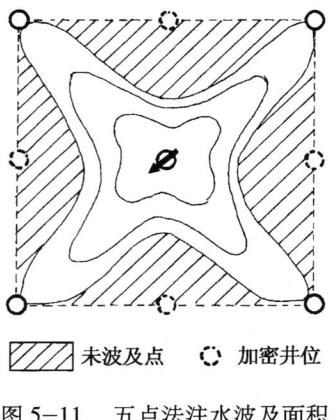

图 5-11 五点法注水波及面积

口生产井。注入水主要会向生产井压力降方向推进，而不是呈圆周放射状推进。这样一来，驱替水的波及系数差不多只有 50%（图 5-11）。

如图 5-11 所示，平面上，只有一小半的原油得到了注入水的驱替。注入水绕过的区域已经被注入水加压，可以通过在图中标注的点打加密井的方法来对这些剩余油进行开采。

5.5 热力采油

对于稠油油藏，由于其原油黏度偏高，如不采取适当措施，其在地下的流动速度不足以进行商业开采。因此，对此类油藏可以采用热力开采的方式，向地下注入热量，降低稠油的黏度，增加其流度。

5.5.1 火烧油层

鼓风机向地下鼓入空气，提供燃烧所需的氧气。燃烧产生的热气穿过油层，加热原油并降黏（图 5-12）。

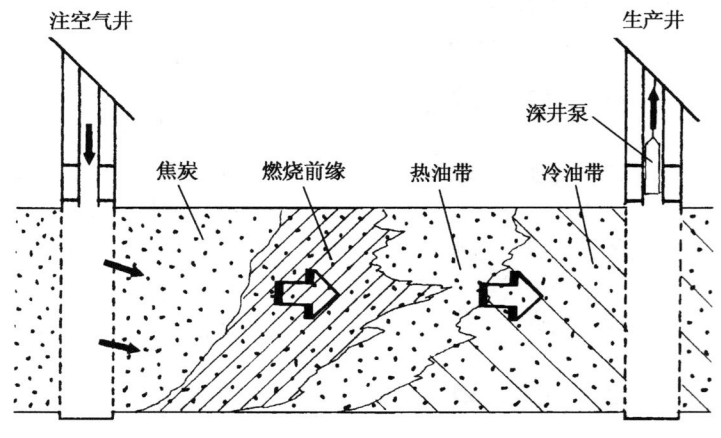

图 5-12 火烧油层

火烧油层在许多地方试验过，不过几乎没有完全成功的。问题出在加热带前的冷油很难驱替，解决办法只有加密井距，而过密的井距又造成了项目的不经济。

5.5.2 蒸汽驱

蒸汽在地面发生，然后被注入到地层中。在原油被加热后，蒸汽冷凝成为热水（图 5-13）。

与火烧油层遇到的问题一样，蒸汽驱对于未波及的冷油带的驱替

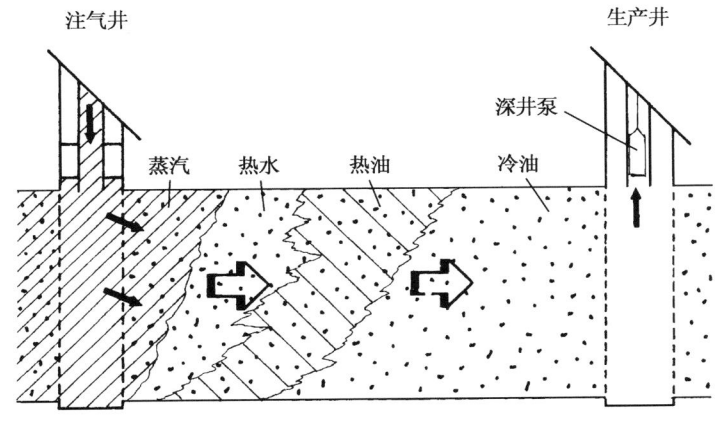

图 5-13 蒸汽驱

也是一个问题。尽管如此，仍然有许多成功的蒸汽驱项目。比如南加利福尼亚州的一些蒸汽驱项目就非常成功，因为那里的油藏埋深非常之浅（200～500 英尺）。如此浅的井使得井网可以打得很密，比如可以是每口 2.5 英亩。在如此近的井距下，冷油带也可以被动用。

5.5.3 蒸汽吞吐

这是一种最成功的热力开采方式。其成功之处在于，这种方式并不是着眼于动用冷油带，而是按照如下的方式对每口井进行独立的蒸汽吞吐（图 5-14）：

(1) 向井中注入一周到两周的蒸汽，加热近井带的原油。

(2) 闷井若干天，让热量均匀分散。

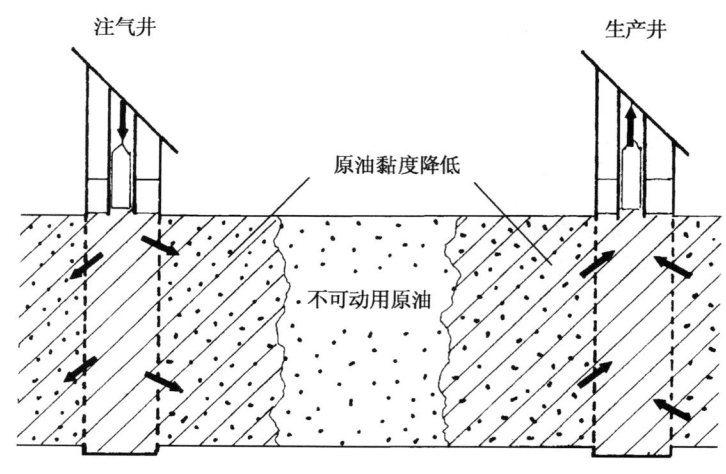

图 5-14　蒸汽吞吐

（3）下泵，采出已降黏原油。生产一到两周。

在生产中，油井通常采用深井泵，两口井共用一条注汽管线。一口井正在注汽时，另一口井生产；第 1 口井闷井时，第 2 口井注汽，随后第 1 口井下泵生产。

蒸汽吞吐的优势在于：

①投资少、操作简单，不像蒸汽驱那样要求高的井网密度；

②见效快，经济效益好；

③该生产方式可以维持几十年。

由于以上优点，蒸汽吞吐在世界范围内有着广泛的应用。

5.6　混相驱

注入混相流体进行油藏内驱油可以提高采收率。混相驱可以消除非混相流体间存在的界面，深入岩石孔道的边边角角对原油进行驱替。

二氧化碳驱是当前发展较快的一种混相驱方式。目前其他方式费用偏高。

5.6.1　二氧化碳驱

二氧化碳在地层中存在，通常与天然气藏伴生。其在地球的分布并不广泛，不过，如果能够在油气藏附近能找到二氧化碳，则其可以作为十分有效的驱替流体。

二氧化碳驱通常作为一种继水驱之后的三次采油方式来加以采用。二氧化碳驱的中心在美国得克萨斯州西部，不过在欧洲、土耳其及世界其他一些地方也有二氧化碳驱项目。

5.6.2 驱替过程描述

二氧化碳首先通过管线运到井口，然后带压注入井中。为了达到混相的效果，油藏应保持较高的压力（图5-15）。

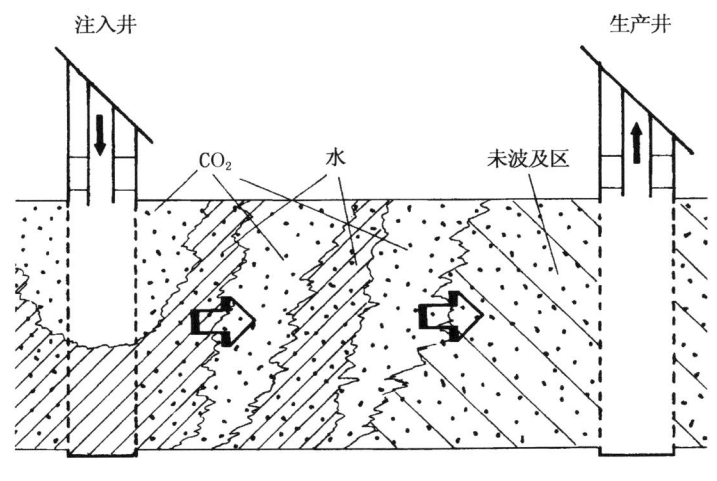

图5-15 二氧化碳段塞驱

二氧化碳与油结合，导致原油体积膨胀，黏度降低。然后注入驱替水段塞。二氧化碳和水段塞如此交替注入，将原油向生产井驱替。这一过程叫做段塞驱。

为了防止二氧化碳上浮或指进，可以采用较高密度的水来尽量保证垂向的驱替前缘。

水的较低流度可以使驱替前缘稳定以保证较高的波及效率。

项目的主要投资在于将二氧化碳从天然气中分离出来的设备。分离出来的二氧化碳被加压回注。

5.6.3 其他混相驱方式

以下介绍的几种混相驱方式都经过了实验的检验，证明为有效的。然而，因成本及原料来源方面的原因，这些方法还没有达到工业应用的程度。

（1）液化石油气驱：液化石油气与石油能够很好地融合，然后加以水驱，可以达到很高的采收率。然而由于采用此种方式，很多液化石油气会留在地层中，当液化石油气的价格较高时，这种方式在经济上就很不合算了。

（2）烟道气驱：工厂里排放出来的烟道气也可以在油藏中作为混相驱流体使用。然而，由于烟道气的来源有限，这种开采方式得不到广泛的采用。

（3）氮气驱：从空气中提取出来的氮气可以与原油混相，但混相要求的压力相当高，因此只有少数埋藏很深的油藏才适用此方法。

（4）表面活性剂驱：表面活性剂注入地层中时可以起到类似混相的效果。辅以水驱，可以达到较高的采收率。不过由于表面活性剂的价格，这种方式不具经济性。

（5）碱水驱：碱注入油藏后，会与原油的一些成分形成表面活性剂。如此可形成混相驱。其缺点在于操作较不安全。

5.7 流度比的改善

在前面讨论水驱的时候，讲到流度比越小则波及效率越高。基于这一原理，发明了聚合物段塞驱，并经过了大量研究实践。聚合物段塞可以提高流度比，其后跟随驱替水。

聚合物及其他可以提高驱替水的流度比的物质被大量地研究实践，不过由于价格上的原因，其应用还是受到了不少限制。

5.8 微生物驱油

目前，微生物驱油技术主要还处在研发阶段，不过，我们也不应对其忽略。

这种方法一开始的想法是向注入井中注入吃原油的细菌。有几种细菌经过了实验。细菌在吃了原油后，其体积的增长可以驱油。同时其排出的气体可以降低原油黏度。

不过，实践表明，这些细菌的生长速度实在是太慢了。当前实验中采用的多是以糖或其他营养为食物的细菌。这些营养由注入井注入地下。一些现场实验已经取得了较好的效果。

5.9 油气储量

美国工程师协会（SPE）定义的储量为在当前经济技术及政策条件下可以采出的地下原油、凝析油或天然气的体积。

关于储量，有以下几个特点：

(1) 储量指地下尚未采出的那部分油气。

(2) 因为在地下尚未采出，储量的大小是估算的，有一定误差。

(3) 一个油田的储量不可能一下子采完，而是要经历相当长的时间，在此期间内，油价是不断变化的。

(4) 储量是上游石油公司的主要资产储备。

由于储量的重要性及其测算的不确定性，油公司都采用 SPE 规定的较为保守的储量上报标准。

5.9.1 储量分类

储量分类主要可分下面两大类：

(1) 证实储量：测算时有一定的把握；有生产或地层测试检验，只有测井曲线是不够的；包括生产区的邻近地区；应具备地面输油设施；向大众公开。

(2) 未证实储量：比证实储量的可靠度差些；经济条件变化后才可能成为证实储量；作为内部参考的测算，未公开；可以分为概算储量和可能储量。

5.9.2 储量测算方法

在油田生命周期的初始阶段，油田的范围、品质和驱动机制都不是十分清楚。因此在这一阶段，关于油田储量的估算很不精确。不过，随着油田开发的不断进行，生产中得到越来越多的资料和数据，估算的误差就会逐步得到缩小。储量的精确值则只有在油田开采结束后才能真正知道。

以下是储量计算的一些方法：

（1）容积法：这种方法适用于油田开发的初期。在此阶段，油田的范围已知，不过生产数据缺乏。这是一种相对粗糙的方法，有较大的误差。

第一步：采用如下公式计算原始地质储量

$$OOIP = 7758 \times A \times H \times \phi \times S_o$$

式中　$OOIP$——原始地质储量，桶；
　　　7758——常数，桶／（英亩·英尺）；
　　　A——油藏面积，英亩；
　　　H——油藏厚度，英尺；
　　　ϕ——孔隙度；
　　　S_o——原油饱和度。

第二步：按如下公式计算可采储量

$$STB = (OOIP \times R_f)/\beta$$

式中　STB——地面原油体积，桶；
　　　R_f——采收率，%；
　　　β——原油地层体积系数（反映原油采出后的体积减小）。

第三步：通过计算储量与气油比的乘积可以得到伴生天然气储量。

（2）物质平衡法：大概有10%的储量采出后，油藏压力会有一个较大的下降，这时就可以采用比容积法精确的物质平衡方法了。

在这一方法中，油藏被看作是一个体积恒定的容器，从中已经有一定体积的油气被采出。通过对采出的油气进行 pVT 数据分析，可以根据当前的油藏压力估算出剩余可采储量。

（3）油藏数值模拟：当取得了有关储量的大量精确数据后，就可以采用一种复杂的计算机辅助的物质平衡计算技术了。这时，在计算机上，油藏被分成许多个小单元，然后进行开发数值模拟。在条件可靠的情况下，这些计算的结果是相当准确的。

（4）产量递减曲线法：在油藏进一步衰竭后，其产量一般就会按一定规律曲线下降。许多情况下，这一曲线会是指数递减曲线，也就是按照一定的百分比下降。在半对数坐标下标出后，可以看出产量呈直线方式下降，进行外推后，可以得出储量并预测未来产量（图5-16）。

对直线的外推在到达经济极限时停止，经济极限是由一条水平线代表的。经济极限代表收益与操作成本的平衡点，达到此点后，项目不再具有经济效益。

该方法适用于单井、井组及油田，比其他方法都要精确得多。因此，该方法在储量估算上很重要。有很多优秀的软件专门用来绘制递减曲线并进行计算。

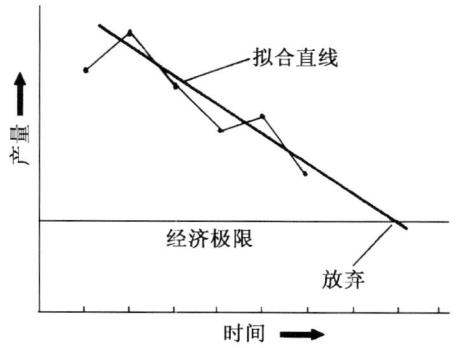

图5-16 通过产量递减曲线预测可采储量

5.9.3 储量调整

当有更多的数据信息时，油公司会相应地对储量估算进行调整，即新井或干井使得油田范围扩大或缩小；油价的变化使得油田的经济极限发生变化；水驱或三次采油方式增加储量；新的驱动机制的发现，比如活跃水驱，可能使储量估算增加。

油公司会对储量进行年度例行审计并以年报形式上报。

5.9.4 储量不等于资产

由于储量的不确定性及油价的起伏变化，储量不作为资产包括在上游油公司的资产负债表里。

20世纪70年代美国曾经试行过将储量价值包括在年报中。这样做的理由是储量可以对下一年的资产起促进作用。然而，由于对会计上的极大冲击，这一做法很快就被取消了。

当前的做法是，按现值估算出来的储量价值列在年报中，不过在资产负债表中没有储量的影子。因此我们要心里有数，那就是，油公司的资产与其他类型公司的资产不具有完全的可比性。

6 钻 井

6.1 简 介

旋转钻井的机理是十分简单的。先由旋转的钻头破碎井底的岩石，然后钻井液系统会将岩石碎屑携带到地面上去。在实际操作中，钻井属于一项技术复杂并且要求非常高的作业领域，其原因如下：

(1) 作业的目的层往往深达地下 3～4 英里。
(2) 设备复杂，工作负荷非常大。
(3) 岩性复杂多变。
(4) 地层中的油、气、水等会进入到井筒中。
(5) 作业地点偏远，环境恶劣。
(6) 一周 7 天，一天 24 小时的连续作业。
(7) 危险的工作环境。
(8) 环保风险。
(9) 成本压力。

6.2 早期的钻机

直到 20 世纪初之前，油气井都是用顿钻钻的。凿状的钻头被系在麻绳或其他类型的绳索上来进行打井（图 6-1）。

顿钻的一个缺点是，当钻遇油气层时，无法对井喷进行预防。这样既危险又浪费，换在今天还会造成严重的环境问题。今天的旋转钻井系统通过在井眼中充满钻井液这一方式可以控制住地层压力。

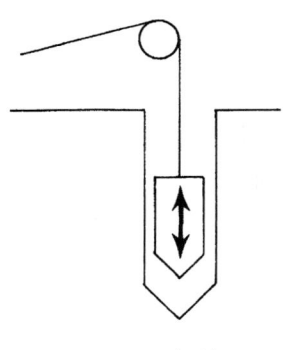

图 6-1 顿钻

6.3 旋转钻井系统

6.3.1 钻头

钻机的有效工作集中在钻头部位。钻机的其他部分，如原动机、井架、绞车以及钻杆等，都是围绕着钻头运行的。

钻头工作的环境非常恶劣，既肮脏温度又高，而且还时常会出现上下弹跳，并且处在很高的应力状态下。更换一个磨秃或损坏了的钻头需要的成本很高，全部钻柱都要起上来，更换钻头后，再全部放下去。对于深井来说，这种起下钻的过程要耗费很多的钻井时间。掉下来的钻头部件还可能使整个井眼报废。因此，钻头的可靠性和耐久性十分重要。很幸运的是，钻头正具有这些优点。

（1）三牙轮钻头：三牙轮钻头是最常用的钻头类型之一。钻柱顺时针方向旋转导致三个牙轮的旋转，牙齿轮番挤压在井底岩石上并将其破碎。破碎后的岩屑由水眼中喷出的钻井液带走（图6-2）。

牙轮钻头的牙齿可分为铣齿和镶齿两种。铣齿为在牙轮钢制壳体上机加工形成，镶齿为碳化钨牙齿镶在牙轮锥体上形成（图6-3）。钻头的牙齿磨损后，钻速会下降，这时就需要更换钻头了。此外，轴承的磨损也会造成问题。

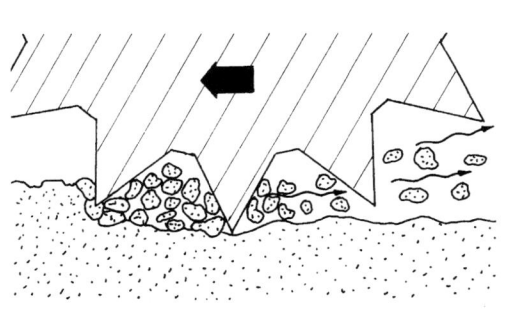

图6-2 牙轮钻头破碎岩石

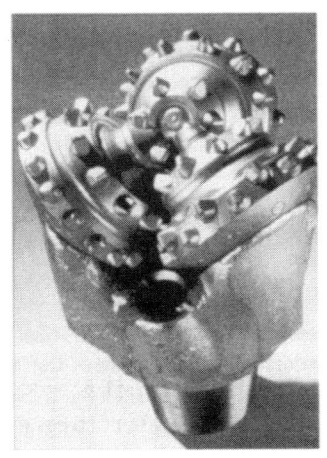

图6-3 碳化钨齿三牙轮钻头

(2) PDC 钻头（聚晶金刚石复合片钻头）：PDC 钻头是一种相对较新型的钻头。它由在突出的合金基体上镶嵌聚晶金刚石复合片形成（图 6-4）。这种钻头属于切削型钻头，没有活动部件。这种切削型钻头特别适合于沿海或海上常遇到的较软地层（图 6-5）。

图 6-4　PDC 钻头及金刚石钻头

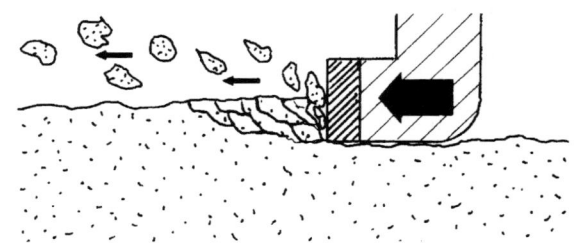

图 6-5　PDC 钻头切削地层岩石

6.3.2　钻柱

钻柱是连接地面与钻头之间的钢制管道。其主要功能如下：
(1) 将地面上的扭矩传递到钻头。
(2) 将钻井液传送到钻头部位。
(3) 给钻头施加钻压以加快钻进。

钻柱由30英尺长的钻杆单根连接而成，其两端的接头有梯形的粗螺纹，设计可以承受反复的上扣和卸扣，并保持强度和密封性。钻柱一共由3种不同的管柱类型组成（图6-6）：

(1) 钻杆构成了钻柱的主体。其接头的直径要比主体大。

(2) 钻铤是一种厚壁的钻杆，用来向钻头施加钻压。

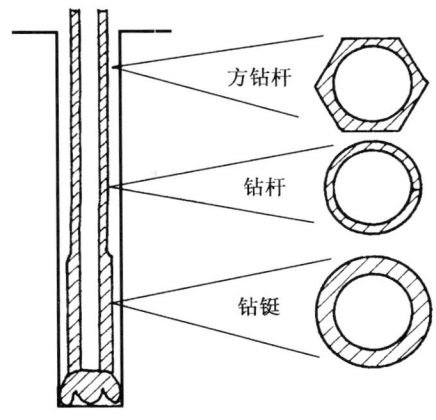

图 6-6　钻柱

通常在钻井时，有几根钻铤连接在钻头上面。其接头的直径与主体相同。

(3) 方钻杆是钻柱的最上部分。其截面为四边或六边形，用来传递扭矩。

6.3.3　钻机的提升系统

钻机的提升系统用来起下钻柱，是钻机中工作负荷最重的系统，其主要部分包括：

(1) 井架。其高度可以起出1根立根（3根单根接成），强度可以承受整个钻柱的重量。

(2) 钢丝绳（大绳）。

(3) 绞车。其主要部件为滚筒，通过绕进和绕出钢丝绳来起下钻柱。

(4) 天车和游车，分别由多个滑轮组成，每个滑轮中间有供钢丝绳穿绕的槽。天车固定在井架顶部，游车通过钢丝绳与其相连，共同组成一个复滑轮系，用来增加提升能力。图6-7所示的八条钻井绳可以提起一条钻井绳八倍的载荷。当然，这样做的代价是要将载荷提升一倍高度，需要收回八倍长的钻井绳。

(5) 大钩，位于游车下面，用来提起载荷。

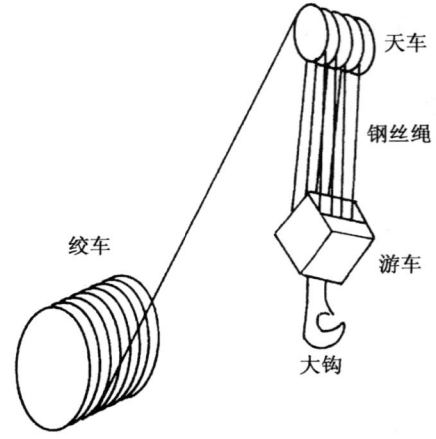

图 6-7　钻机吊升系统

6.3.4　旋转系统

有 3 种旋转系统用来转动钻头：

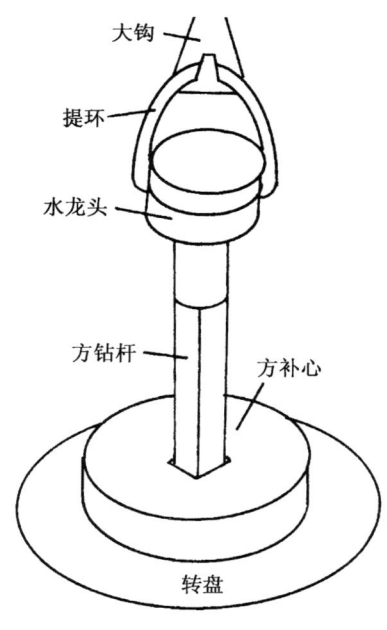

图 6-8　常规旋转系统

（1）传统的旋转系统在陆上及海上有着广泛的应用（图 6-8）。在这一系统中，方钻杆上部穿过方补心与水龙头相接，下部与钻柱相连。转盘旋转方补心，方补心与方钻杆契合并带动其旋转，由此进一步带动钻柱和钻头旋转。

（2）动力水龙头或顶驱系统，作为一项较新的技术，正在得到越来越多的应用，特别是在海上钻井的应用。顶驱系统在水龙头中采用了水力马达来驱动旋转，这样就省去了方钻杆、方补心和转盘等部件。顶驱的优势在于可以在上提时保持钻井液循环及钻柱旋转，同时在钻进时还可以接入立根，也就是一次3根钻杆。

（3）井下动力钻具（泥浆马达）可以用来定向钻井。动力钻具直接装在钻头上，由钻井液来驱动。这种旋转不需要钻柱的转动。

井下动力钻具一般仅用来造斜，垂直段还是采用传统旋转钻井系统。

6.3.5 钻井液

在旋转钻井的进程中，钻井液需要不断地从中空的钻柱输送到钻头水眼喷出，再从环空（钻柱与井眼间的环形空间）返出地面。最常使用的钻井液是包含各种添加成分的盐水基钻井液。油基钻井液（油包水乳液）在强调稳定性超过强调成本时也被采用。此外，还有一些非常昂贵的合成化学钻井液也在海上钻井的情况下使用。使用它们的原因是，海上钻井需要油基钻井液的稳定性，然而如果直接采用油基钻井液的话，直接向海中抛弃岩屑会造成污染。

钻井液的功能如下：

（1）钻井液从钻头水眼中强有力地喷出，将钻头破碎的岩屑带走，清理出钻头前方的岩层，加快钻进速度。

（2）钻井液携带着岩屑从环空上返。为增加钻井液的携带能力，需加入黏土成分。

（3）钻井液还可以对钻头起到润滑和降温的作用，极大地延长钻头的使用寿命。

（4）钻井液通过给地层流体施加回压来防止地层流体流出。地层流体的流出会造成井涌，进而可能造成井喷。因此所要采用的钻井液密度取决于预先判断的地层压力。可以通过加入粉末状硫酸钡（重晶石）的方式加大钻井液的密度。

（5）钻井液还通过封堵渗透性地层的方式防止钻井液漏失。在极端的情形下，比如遇到了裂缝性地层，所有的钻井液都会漏失到该层中去，这样一来，就可能出现井喷事故。固相成分，比如碎纸或棉花籽壳，可以加入到钻井液中来防止钻井液漏失。

（6）钻井液还起到减小钻柱与井壁间摩擦阻力的作用。

在钻井现场，钻井液工程师密切监督钻井液性能并根据具体情况随时进行钻井液性能调整。比如，一旦发现胶凝强度不够，就要向钻井液中掺入一袋袋的造浆黏土。如果发现钻井液的密度不够，就要向其中加入重晶石等加重成分。由于过高的胶凝强度和密度会减慢钻进速度，所以常常要往盐水基钻井液中掺水来维持最低限度的胶凝强度和密度。在没有井涌风险的情况下，有时也会采用"欠平衡"钻井液（液柱回压小于地层压力）。

钻井液循环系统（图6-9）包括以下几点作用：

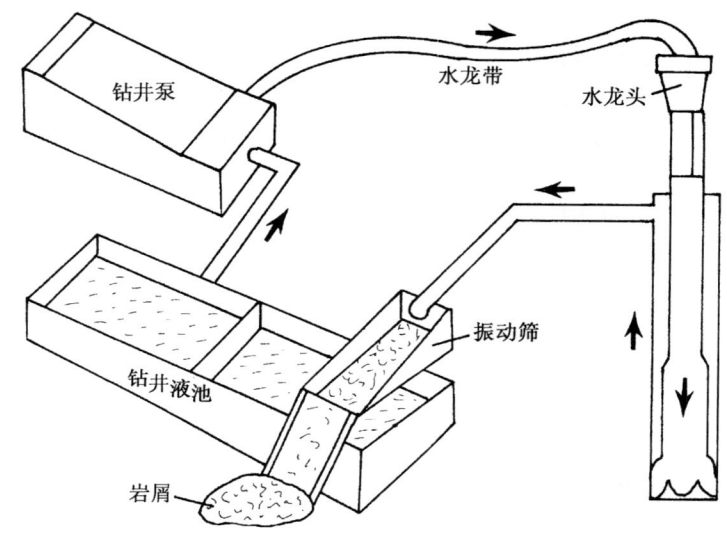

图6-9　钻井液循环系统

（1）钻井液返出地面后，进入到钻井液返回管线中。

（2）钻井液通过钻井液振动筛。钻井液振动筛上的网眼可以将钻井液中的岩屑筛选分离出来。

（3）钻井液进入到钻井液池。钻井液池通常是一个钢制容器，但在陆地钻井时也常采用塑料衬里的土坑。

钻井液中的泥砂等成分沉入池底。在有些情况下，会考虑采用机械的除泥器和除砂器。

（4）钻井泵在钻井液池的另一头将除砂后的钻井液抽出。

（5）钻井泵将钻井液泵入到水龙带，通过水龙头进入钻柱，从环空上返，完成另一循环。

6.3.6　管柱操作

在对钻井管柱进行操作时，要用到以下工具：

（1）吊卡：吊卡吊在大钩下面，其主体卡在钻柱接头下面进行提升。

(2) 卡瓦：用来卡住钻柱，使之保持在钻台之上。卡瓦卡在管柱上，坐在钻台的一个凹槽中。管柱被提起后，可以将卡瓦卸下。卡瓦通常为手动操作，但也有动力卡瓦（图6-10）。

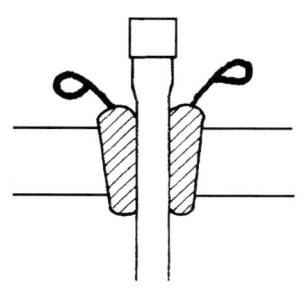

图 6-10　卡瓦

(3) 大钳：用来连接和卸下管柱单根。动力大钳转动管柱，背钳卡住其余管柱使其不动。有时也使用转台来帮助旋转管柱。

(4) 指梁：井架的指梁上有指状突起，用来放置管柱立根。

(5) 大鼠洞：用来暂时放置方钻杆和水龙头。

(6) 小鼠洞：用来暂时放置将要接上去的管柱单根。

6.3.7　原动机

原动机为整个钻机提供动力。大多数现代的钻机采用柴油机发电的形式，以柴油机驱动发电机发电来为钻机提供动力。

6.4　常规钻井过程

6.4.1　钻进

大部分的钻井时间是用于地层钻进。钻头在井底连续钻进直到方钻杆基本下降到钻台以下（上接箍接近钻台）。这时，需要在钻柱上接上一根新的钻杆，称为接单根，然后继续向下钻进。当进行顶驱钻井时，可以在钻到一个立根长（90英尺）时，连接新的立根。

在钻进的过程中，司钻须密切观察指重表，适当放松刹车保持钻压。在这一过程中，通常只有司钻一人在钻台上操作，其他场地工则在此时进行日常维护工作。

6.4.2　接单根

当方钻杆钻下后，将进行如下程序：

(1) 停止转台旋转，提升钻柱，停止钻井泵。

(2) 钻工打卡瓦，司钻下放管柱直到卡瓦坐住并悬挂钻柱重量。

(3) 用液压钳卸下方钻杆。

(4) 方钻杆总成（包括方钻杆、方钻杆补心、水龙头和水龙带）被荡至小鼠洞上，接入到小鼠洞中的一根钻杆上，下一步进行接单根操作。

(5) 方钻杆总成连同新接上的单根钻杆被连接到钻柱上。

(6) 提升钻柱，取下卡瓦，启动钻井泵，下放钻头，继续旋转钻进。

6.4.3 起下钻

有时可能会需要起出全部钻柱以更换钻头或钻铤，然后再全部下入。这个过程叫做一个起下钻。其过程如下：

(1) 起钻。

①打卡瓦，卸下方钻杆总成到大鼠洞中，水龙头从大钩上取下。

②吊卡接在大钩下面，卡在最上一根钻杆的接头下方。

③向上提升1个立根（通常3个单根），打卡瓦。

④卸下立根，将带外螺纹的立根下端推向一旁，放置在木板上。

⑤卸下吊卡，将立根靠放在指梁上。接着下放吊卡继续起管，直到全部钻杆起出，卸下并码放好。

(2) 下钻。

这一过程将钻柱重新下放到井眼中。钻工用吊卡卡住立根，吊起、对接、上扣。

对每根钻柱的操作都要经过若干步骤，在作业过程中，这些步骤需要一遍又一遍地重复。这一操作需要在操作人员中间形成快速准确的节奏，这样一来不仅有效率，而且可以增加安全性。

6.4.4 自动钻机

当前已经有些试验或商业化的自动钻机在运行。这种钻机采用机器人操作管柱，大大减少了对钻工的需求。这一技术的出现，很大程度上是为了减少在钻井操作过程中造成的钻井人员伤亡。将来全自动的钻机系统可能会全面实现。

6.5 井　控

6.5.1　井喷

井喷，也就是油藏流体从井眼中喷出的事故。这是钻井人员最不愿遇到的。喷出液的能量之大可以打飞钻具并因此产生火花和灾难性的大火。因此要特别强调井控工作的重要性。

地层孔隙中的流体承受着很大的地层压力。钻井打开地层后，该压力会驱动地层流体流入到井筒中，除非井筒中的钻井液压力足够大以阻止这一动向。钻井过程中应尽量阻止地层流体进入井筒。

钻井液压力是由井筒中地层以上的钻井液水力压头形成的。其英制单位是磅力/平方英寸（psi）。

钻井液压力随钻井液柱高度和密度而增加。举个例子来说：钻井液柱高度为 7000 英尺，密度为每加仑❶10 磅❷，其钻井液压力计算过程如下（图 6-11）：

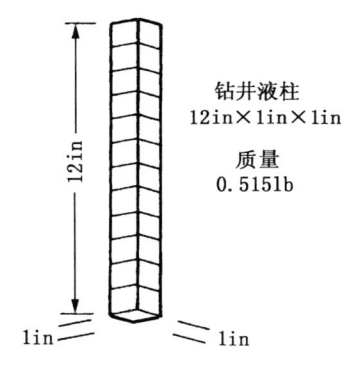

图 6-11　水压梯度

（1）将加仑（gal）换算为立方英尺（ft³）。

$$10\ (lb/gal) \times 7.48\ (gal/ft^3) = 74.8\ (lb/ft^3)$$

（2）以上结果除以 144，得到 12 英寸❸×1 英寸×1 英寸的液柱重量。这样就得到了每英尺的压力梯度。

$$74.8 \div 144 = 0.515\ (psi/ft)$$

（3）压力梯度乘以深度，得到井底钻井液压力。

$$0.515 \times 7000 = 3605\ (psi)$$

如果该例中的地层压力为 3500 psi，则钻井液压力为过平衡状态，也就是钻井液压力超过了油藏压力。这一压力差会导致一些钻井液滤液在较大的压力下侵入到井筒附近地层中。钻井液中滤出的固相成分会在

---

❶ 1 加仑（gal）（美）=3.78541 升。
❷ 1 磅（lb）=0.45359237 千克。
❸ 1 英寸（in）=0.0254 米。

井筒上形成一层泥饼。如果地层压力大于钻井液压力，如 4000 psi，油藏中的流体就会注入到井筒中。这种情况下会造成溢流，必须马上采取紧急措施。

6.5.2 井喷的发生过程

（1）由于欠平衡状况的出现，地层中的油气进入井筒。

（2）油气开始顶替环形空间中的钻井液。由于油气的密度比钻井液小，钻井液柱的压力进一步下降，导致油气进入井筒的速度进一步加快。

（3）气体进入环形空间后，在上升的过程中由于压力的减小，气体体积进一步膨胀，驱替掉更多的钻井液，导致钻井液柱压力进一步下降。同时加大了溢流的严重程度。

（4）井下流体喷出地面，造成火灾及人员伤亡，同时造成设备损失。

6.5.3 井喷的预防

首先应尽可能预测钻进过程中可能遇到的地层压力情况，并有针对性地制定相应的钻井液程序。这在打开发井的时候比较容易做到。因为从早先打的诸多井中已经可以了解到地层压力分布的大致情况。在打预探井时，这一点就比较难以做到了。

乍看来，如果在钻井过程中始终采用高密度钻井液就不会有井喷的忧虑了。然而在实践中不会这样做，因为高密度钻井液会严重影响钻头钻进的速度。钻井中通常的惯例是在钻非渗透性地层时采用欠平衡钻井，在钻遇渗透性地层后，加大钻井液密度。

钻井人员在操作过程中，对于溢流的先兆要特别注意观察。因为一不注意，这些征兆就可能被忽略过去：

（1）返回钻井液中有带有油、气、水。

（2）可能由欠平衡造成的钻速加快。

（3）溢流导致的钻井液池中钻井液液位升高。

（4）钻井液返回速度加大。返回速度加大可能意味着溢流的发生。如果返回速度减小可能表示正发生漏失。

（5）由于钻井液密度降低导致的钻井泵出口压力变小。

（6）钻压增加。这是由于钻井液密度的下降导致了对钻柱浮力的减小。

如果能够早期发现溢流，可以及时采取加大钻井液密度的方法加以控制，并较容易地将溢流循环出井筒。当溢流比较严重，可能随时导致井喷时，应关闭防喷器。

防喷器是一种装在井口，位于钻机平台之下的安全阀装置。启动后，防喷器可以关闭并封住井口。防喷器中一般装配有若干组阀门，一组用来环抱住钻井管柱以封闭环形空间，一组当井筒中没有钻井管柱时封闭井筒，一组可以切断钻柱进行密封。

6.5.4 控制井喷

井喷控制技术在海湾战争中扑灭科威特大火时得到了相当的提高。其控制过程如下：

（1）在灭火前，喷射冷水进行保护，工人对现场杂物进行清理。这一步如果不做，炽热的杂物可能引起复燃。这时先不着急灭火，因为火可以燃烧掉硫化氢等有毒气体。对保障工人安全有利。

（2）用吊升装置将炸药吊在井口上方并引爆，其爆炸将瞬间用尽周围氧气并导致大火熄灭。

（3）如果井口上方还有管柱断根，可以在截去破损部分后，在其上装上阀门。

（4）将特制阀门用吊车吊起，装到管柱断根上，关闭阀门实现井控。

（5）如果没有残余管柱以用来安装阀门，就需要打救援井了。打救援井的方式是在事故井的旁边打一斜井到事故井井底非常近的位置，然后向救援井中泵入水或水泥来压住井喷（图6-12）。

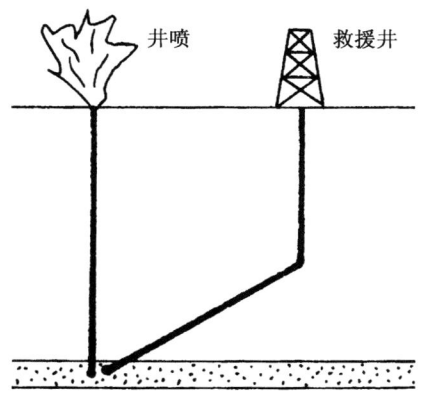

图 6-12　救援井

6.6 解 卡

卡钻是钻井作业人员始终关注的事情。卡钻是钻井过程中经常发生的，一般情况下可以得到顺利解决。然而有些时候，卡钻甚至可能导致井眼报废。

6.6.1 压差卡钻

压差卡钻可能是最为常见的卡钻原因。特别是在钻大陆边缘的松软的未胶结地层时尤其容易发生压差卡钻（图6-13）。

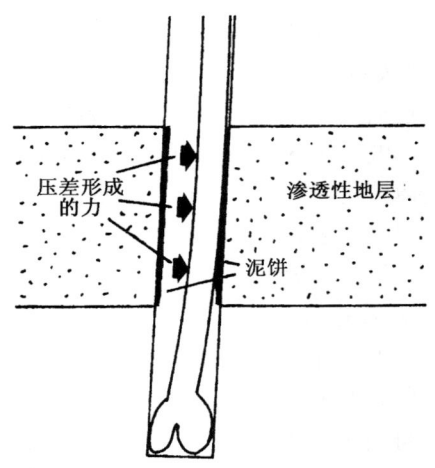

图6-13 压差卡钻

在过平衡状态下钻渗透性地层时，钻井液中的一部分滤液会进入地层中，同时在井壁上留下一层泥饼。在这种情况下，如果正遇上接单根等操作，钻柱有一小段静止的时间，就可能会发生压差卡钻。这是因为管柱在静止的时候，压进泥饼并贴在井壁地层上，这时作用于管柱贴到井壁上一侧的压力为地层压力，与钻井液压力有一个差。正是这个压差把钻柱压在井壁上无法移动，从而形成了卡钻。

如何避免压差卡钻？在过平衡状态下，钻柱应随时处于活动状态中，或上下运动或旋转，以防止形成卡钻压差。采用低滤液渗透的钻井液，减小泥饼厚度也有利于减少压差卡钻的发生。

6.6.2 井壁垮塌

在某些情况下，会发生井壁垮塌导致卡钻（图6-14）。

（1）一些黏土成分在吸收了钻井液滤液后会膨胀并垮塌到井眼中。

（2）疏松地层或破碎地层的岩石塌陷到井眼中。

（3）上覆地层的压力可以将岩盐或塑性的泥岩地层挤到井眼中。

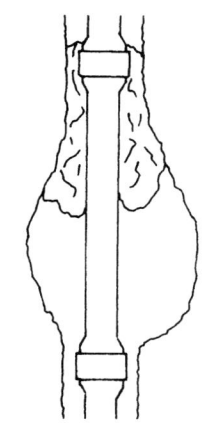

图6-14 地层垮塌造成的卡钻

6.6.3 解卡

（1）卡钻发生后，可以采取的第一个步骤是在没有井涌风险的情况下降低钻井液密度，并消除卡钻压差。如果不管用，在仍能维持钻井液循环的情况下，可以向钻柱泵入一些油品或泥饼溶剂，并从环形空间循环出来。在这一过程中，始终在钻柱上维持一定的拉力或扭矩，以辅助解卡。

（2）如果仍然不能解卡，可以下入卡点指示仪。在钻柱上加上拉力，卡点指示仪可以根据钻柱的伸长情况对卡点进行定位。卡点之下，钻柱不出现伸长。

然后向钻柱中卡点正上方下入少量炸药并引爆。炸药的爆炸可以震松钻柱接箍，在反扭矩作用下，可以旋下卡点上方管柱，将钻头及一部分钻柱作为落鱼留在井里。

在管柱上接上震击器并连接钻柱，启动震击器，冲击落鱼。大多情况下管柱可以迅速得到解卡。

（3）如果震击器不起作用，可以下入洗井管线在遇卡处进行冲洗解卡。

6.6.4 扭断

在正常钻井作业过程中，由于金属疲劳，钻柱有可能发生扭断并掉落。这时，就要进行以下打捞作业：

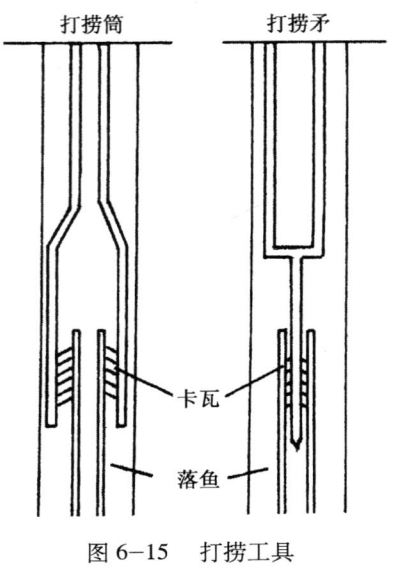

图 6-15　打捞工具

（1）在进行打捞作业之前，先要确定落鱼顶端的状况。这在很大程度上可以从起上的断裂管柱上看出来。但有时候可能需要下铅模才能最终确定。铅模的下方有较软的金属，在压到落鱼上后，落鱼会在其上留下印痕。从该印痕上可以看出落鱼断面的形态。同时从铅模印痕上还可以看出落鱼是竖直的还是倾斜的。

（2）有时，为了打捞工具能够很好地与落鱼相契合，需要对落鱼进行一定的处理。其中包括下入碳化钨铣刀对落鱼进行处理。如果要下打捞筒则需要对落鱼外部进行磨铣。如果要下打捞矛，则需对落鱼内部进行磨铣（图 6-15）。

在对落鱼进行完初步处理后，用钻杆下入打捞工具和震击器。如果落鱼直立，与井壁不接触，则可以采用打捞筒。一般情况下倾向于使用打捞筒，因为如果拉不动落鱼的话，打捞矛难以卸下，这样就会造成更大的落鱼。

6.7　定向钻井

定向钻井是伴随着海上钻井的开展而出现的。在陆上打井时，钻机的移动十分方便。在海上受到平台的限制，情况就不同了。特别是在深水环境下，由于高昂的造价，不可能为每一个井位造一个平台。于是，在这种情况下，定向井钻井技术发展了起来，即在一个平台上打多口井，而井底位置却是分散开来的（图 6-16）。

海上钻井所打的定向井通常呈

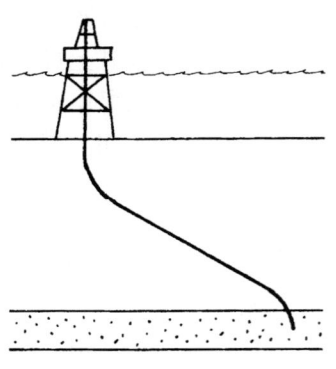

图 6-16　定向钻井

"S"形。井身一开始是竖直的，然后在造斜点开始定向倾斜，达到设计水平位移后，再回到竖直方向并且钻穿油藏。

6.7.1 弯接头总成

用来钻定向井的井下装置包括一个弯头和一个动力钻具。弯头将动力钻具带动的钻头压在井壁上并造斜（图 6-17）。动力钻具启动后，开始旋转钻头，这时钻柱保持不动，这样一来就保证了方向控制。弯头中有罗盘来探测方位角（东南西北），同时井眼的倾斜角也有相应装置做记录，这样一来井眼轨迹通过计算就可以清楚掌握。这些信息即可以帮助钻进到设计位置。这些探测设备还可以直接装在钻头上方，并通过钻井液脉冲将信息传送至地面。

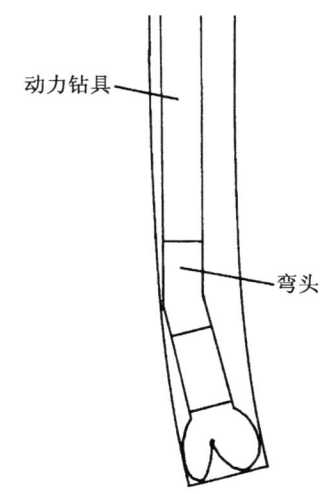

图 6-17 弯头组合

由于常规钻井钻头可以承受更大的钻压，所以在打定向井时，一开始的直井段一般采用常规方式钻进。到达造斜点时，开始采用动力钻具。达到设计的倾角后，在稳斜段采用动力钻具与钻柱旋转复合运行的方式钻进。然后再用动力钻具降斜，最后的竖直段采用常规方式钻进。

6.7.2 水平井钻井

定向井有时会在目的层中有一段大倾角的井段或水平井段。水平井段的目的是为了增加低渗层的产能。低渗透性地层是水平井钻井的重要目标。特别是，如果在低渗层中发育有竖直裂缝则尤为理想，因水平井段可以将这些竖直裂缝连起来。这种情形在得克萨斯州的 AustinChalk 油田的开发中得到了充分体现。该油田钻有大量的水平井。

水平井钻井技术发展很快，其成本不断下降。不过到目前为止，其成本仍远高于常规钻井的成本。因此，水平井并未被普遍采用，一般只用于以下场合：

（1）北海油田这样的海上油田，在昂贵的钻井平台上打有水平井，用以开采邻近的小型边缘油田。这些油田采用其他方式开采的话，经济上是行不通的。

（2）底水薄油藏采用直井开采时，常常面临着底水锥进的困扰。底水锥进上来后，油井就会发生水淹。如果用水平井，由于压降在一个更大的区域内得到分散，底水锥进的问题就会大大得到缓解。

钻水平井所采用的井下钻具与常规定向井钻具间并无本质的区别。井下动力钻具配合起稳定与加压作用的钻铤及起支点作用的稳定器一同钻进（图6-18）。

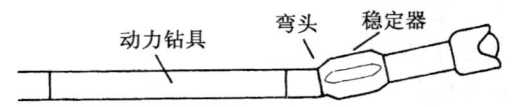

图6-18　稳定器钻具组合进行水平钻井

6.7.3　多底井

水平井钻井技术越来越多地用来钻多底井，就是从一个竖直井筒向周边钻若干短的水平井段（图6-19）。这些多底井的应用主要为：

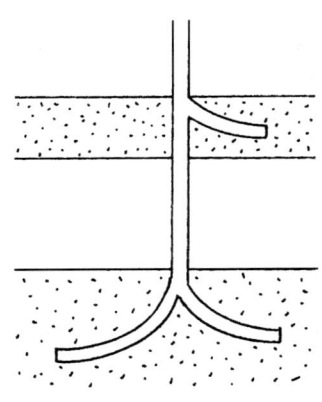

图6-19　多底井

（1）在原完井失败的情况下采用多底井。

（2）对于致密地层采用反向的水平井段来增加地层产能。

（3）采用叠加的多底井在多层完井。

6.8 钻机搬迁

钻机从基本原理上来说，在世界各地都是一样的，不论是陆上的还是海上的。钻机的承载和搬迁装置，根据钻井环境的不同，会有很大的区别。

6.8.1 陆地钻机

（1）井架折叠式钻机：陆上的大多数井都是采用此类钻机完成的。在搬迁钻机时，井架可以折叠起来，钻机拆卸成可用卡车运输的部件。

通常钻台是支离地面的。在钻台和地面中间装有防喷装置。目前在圆井中安装防喷器以及将钻台建在地面上的做法已经被淘汰了。这种方式成本高且在安全方面存在漏洞，因为圆井中易聚积硫化氢气体。

如果不是在湿地上作业，井场只要用推土机平整一下，在挖的土坑内衬上塑料布就可以了。有时可能还需要在井场垫一些砂石等。如果现场很泥泞，可能要垫木板。

（2）直升机吊装钻机：在偏远地带打初探井时，由于交通的阻碍，可以采用直升机吊装的特殊钻机。该种钻机可以拆成小块构件，用直升机悬吊到井场。

6.8.2 海上钻机

（1）船装钻机：在浅水湾或湿地打井时，钻机装在驳船上，运输到打井地点，然后灌水坐到泥面上。井打完后，水被泵出，钻机浮起，由驳船拖至下一井场（图6-20）。

（2）自升式钻机：自升式钻机机动性强，大量应用于400米以下水深环境中。自升式钻井平台带

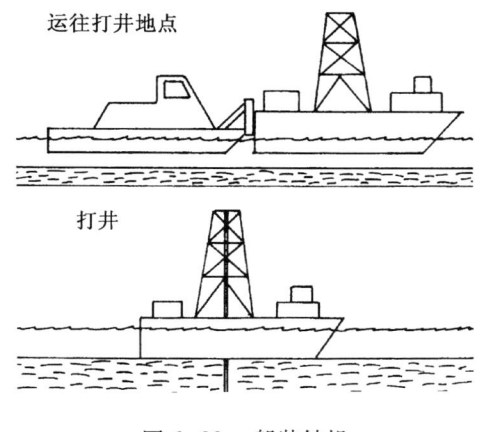

图6-20　船装钻机

有船形结构，可以从水面拖至现场。到达钻井现场后，钻机的腿（通常是 3 条）向下伸展到水底，并将船形结构支离水面。支离水面的高度应该保证海浪打不到船形结构（图 6-21）。

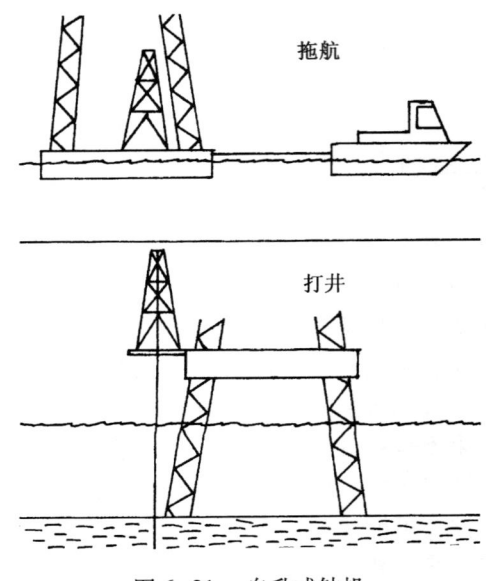

图 6-21　自升式钻机

自升式钻井平台既可以用来打探井又可用来打开发井。在打开发井时，钻机通过悬臂移动到平台上方再进行打井作业。

（3）供应船支持式钻机：如果永久式生产平台坐落在风平浪静的浅水域，则可采用供应船支持式钻机打井。载有钻机的供应船被拖航至平台旁边，并用锚固定（图 6-22），钻机移上平台，打井。打井时井架及

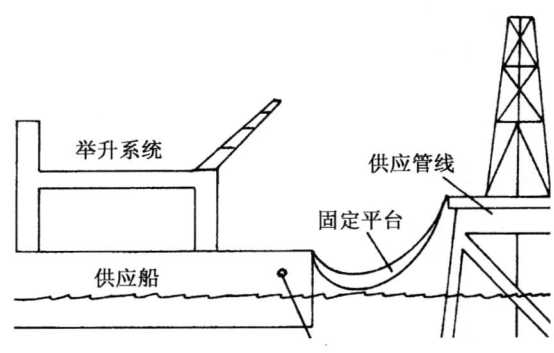

图 6-22　供应船支持式钻机

绞车在平台上，钻井液罐及泵、钻杆、钻井液、原动机及生活区都在供应船上，由软管及电线向平台上的钻机提供所需动力及材料。打井作业完成后，钻机移回供应船并被拖至下一钻井地点。

（4）半潜式钻机：半潜式钻机是浮在水中的。其具有航行动力系统，可以在海上任何地区作业。一般情况下，半潜式平台由锚固定，但也有的在四角装有推进装置用来进行动力定位。由于其体积大，风浪中作业时非常稳定（图6-23）。

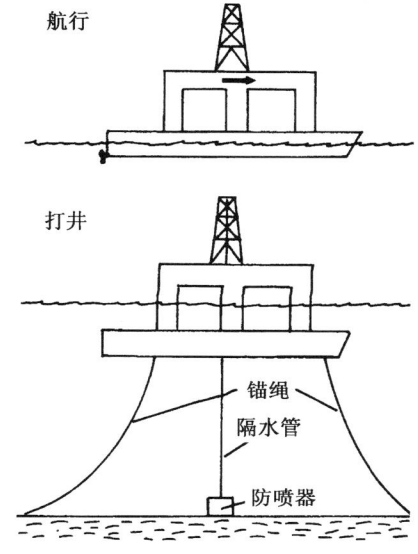

图6-23　半潜式钻井平台

从半潜式平台上打井时，防喷器装在海底，并由隔水管向上连接至钻机。隔水管由钻机上的钢索支持。此外还有一套根据钻机体的上下浮动放出或收回钢索的拉紧装置。此外在游车上也装有升降补偿装置用以在钻机上下起伏时使钻头始终保持在井底并钻进。

（5）钻井船：钻井船是动力定位的，由于不用考虑锚定，钻井船适合各种水域，并且具有移动快捷的特点。但由于船体形状的原因，在风浪中作业时缺乏稳定性。钻井船广泛用来打初探井和开发井（图6-24）。

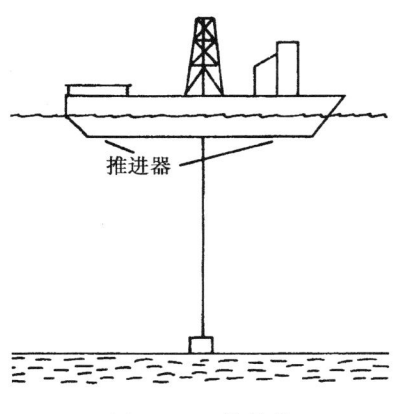

图6-24　钻井船

（6）固定式钻机：在北海油田等海上区域，由于受到海况的限制，频繁地往平台上移上移下钻机很不可行。因此钻机往往固定在平台上。油田生产后期，这些钻机可用来进行作业。

6.9 合同及人员

6.9.1 合同

钻机实际上都为钻井合同者所拥有,这是因为钻井合同者可以在世界各地移动钻机保证其满负荷工作,而作业者则只是间歇地使用钻机,这样就降低了使用效率。

许多陆上钻机租借合同属于承包合同,合同者按照要求打一口合同规定井径和深度的井,并收取合同规定的固定报酬。此外还有日租合同,海上钻机租借尤为如此,是按照美元/天计费的。

6.9.2 钻井人员

钻井人员属于钻井合同者的雇员。他们按 8 小时或 12 小时轮班倒,操作钻机一天(24 小时),一周 7 天不停运转。

(1) 操作人员及其职责如下:

①钻井队长负责整个钻井作业。

②司钻是钻工的头儿,同时亲手操作钻机。

③钻工。钻工在起下钻时一个人在井架上工作,3~4 人在钻台上操作。不进行起下钻作业时,他们的任务是检查和维护钻井设备的正常工作。

④有一些钻机,特别是海上钻机,常雇佣杂工。杂工的头通常操作吊车,他向钻井队长负责。

⑤大的钻机还雇有电机工程师、机械师和电工。

(2) 协助人员及其职责如下:

①作业公司代表。

②作业公司雇佣的钻井工程师。他负责钻井设计并在钻井过程中给予必要的指导。

③钻井液监督员负责监督钻井液变化并提出钻井液调整意见。

④现场地质师负责跟踪正在钻穿的岩层。

⑤钻井液录井工程师负责监视返回钻井液中的油气显示。

7 地层评价

7.1 数据要求

打井的目的不只局限于生产油气，其获取资料数据的功能也很重要。事实上，人们会打一些专门的资料井来获取数据资料。

打井的过程中，通过取心、中途测试及钻井液录井等方式可以得到一部分资料。钻井完成后，在下套管前，要进行测井。油井在完井后，可以取地层流体样本。在正式生产前，还要进行 24 小时生产测试来取得新井的最后一部分资料。

受成本限制，并不是每口井都要全部完成上述测试。比方说初探井就应该比成熟区块的加密井取得更多的数据资料。

7.1.1 初探井

打初探井时，首要问题之一就是意识到什么时候打到了油层。因为钻井液占据了井筒的缘故，如果不对上返的岩屑和钻井液做细心的观察分析，很容易就错过钻遇的油层。很多石油公司都有过这样的教训：由于打到干井而放弃了的区块，为竞争对手所得，并取得重大的油气发现。

7.1.2 开发井

每口新打的开发井都可以为更加确定地了解油藏的大小和性质提供新的资料。其中包括孔隙度、渗透率、流体饱和度、压力以及油层厚度等我们所感兴趣的信息。

7.1.3 录井

录井资料包括每段进尺所对应的上返岩屑及钻井液情况。这些资料由钻井公司的地质人员或合同签约的录井技术人员负责完成。所录取的资料与测井曲线记录在同一张图上。

录井资料全线跟踪钻穿地层的过程,就像导航员连续标注飞机的位置一样。录井地质人员应该对什么时候可能钻遇感兴趣的地层有所估计,以便及时进行详细观察评估。对于缺乏先期资料的初探井,这一点尤为重要。

7.1.4 岩屑数据

在陆相较硬和较老地层中钻进的过程中,所获取的岩屑资料对充分认识了解钻遇的地层十分重要。对于海岸相和海相储层,由于胶结疏松易碎,岩屑录井难以提供更多信息。

在钻进过程中,岩屑随钻井液上返,并由钻井液振动筛筛出。录井人员则负责收集检测这些岩屑。一般来讲,钻井过程中应当每钻进 10~15 英尺进行一次岩屑取样。但当钻至产层时,可能需要每英尺都进行一次取样。

在取到岩屑样品后,地质人员会对其进行清洗,并用显微镜进行观察。为了获知当前钻头所在的地层位置,录井地质人员要想方设法观察到从每一新钻遇地层中首先返上来的岩屑。要做到这一点,有一定的困难,经验在这里起的作用很大。其困难之处主要在于:

(1) 岩屑从被钻下到返至地面,中间有数个小时的时间差。录井人员在录井资料上标注深度时,应考虑到这一点。

(2) 不同大小和密度的岩屑在环形空间中上升的速度不同:体积较大、密度较低的岩屑上升迅速;体积较小、密度较高的岩屑上升速度慢,甚至会掉回去。一次取得的岩屑样品中,可能既有一个星期前钻遇的,又有 1 小时前钻遇的。此外,井壁上也会坍塌下一些碎屑一同上返。录井人员应该有所识别,舍弃先前见过的岩样,留下新钻地层的岩样。

(3) 如果钻井液携带能力不够,一些岩屑可能会回落到钻头下面被钻碎到无法辨认。

岩性:在显微镜下对取得的岩屑样品进行观察后,可以得到岩屑的详细岩性描述。举例来说,一个岩屑样品的描述如下:"棕色、分选差、棱角状、中等粒度砂岩,浅色硅质胶结"。根据这一描述,地质人员就可以根据邻井的资料判断出该样品所在地层。当然在做这种井间的比较时要考虑到有些地层可能会变薄或变厚，有些可能会因为断层或褶曲等因素而发生位置变化。岩屑样本记录对于地层对比十分关键。

孔隙度：显微镜下可以观察到的孔隙会被记录下来。

油显示：尽管在钻井过程中，岩屑被钻井液所冲刷，有一些油还是会留在粒间孔隙的角落中。在显微镜下观察，这些油会呈现出油斑状态。紫外光照射下会发出有色彩的荧光。油斑的大小及荧光的强度将被记录下来。如果需要做进一步的分析，可将样品碾碎后用溶剂冲洗。冲洗液的颜色及荧光显示颜色越深则原油密度越大。

气显示：岩屑粉碎后所释放出的微量天然气可以通过仪器检测出来。

气味：当装有岩屑的容器第一次被打开时，可以嗅到是否有油的气味。

7.2 钻井数据

钻时记录，单位英尺/分钟，记录在录井资料左边。其目的是记录钻头钻穿地层的速度变化。钻速的突然增加表明钻遇了孔隙性岩石。

钻时数据的价值在于它能给出实时的孔隙度信息。而单纯凭借上返岩屑进行判断，可能感兴趣的层位已经被钻穿了，因此而失去了取心或进行中途测试的机会。当发生钻速突然改变时，可以提出钻头，对井筒进行彻底循环。在对最后上返的岩屑进行分析后，可以决定是否进行取心或测试。

钻井人员同时还会对上返钻井液中是否有天然气或油进行观察记录。这些油气显示对于判断是否正在钻穿油气层十分重要。

7.3 钻井液数据

（1）天然气显示：钻井液录井装置连续地检测上返钻井液中的天然气，这些气是在钻头钻碎含油气层的岩石时，从岩石孔隙中释放出的自由气或溶解气。

（2）原油显示：上返钻井液中的油迹可以在紫外光的照射下发出荧光从而观察出来。这种方法不适合油基钻井液。

7.4 取心

通过取心可以对地层岩石进行直接了解。其他地层测试方法多少都是间接的。岩心的直接性体现在它可以通过嗅闻、称重及实验分析得到油藏的各种信息。岩心具有持续的研究价值。在油田开发进入后期时,可以在岩心基础上进行二次和三次采油的实验分析。

7.4.1 常规取心

进行常规取心时,首先要起出钻柱,将普通钻头换成取心钻具。取心钻具包括一个中空的金刚石或PDC钻头,钻头接在岩心筒下面。然后下放取心钻具,循环钻井液钻进(图7-1)。

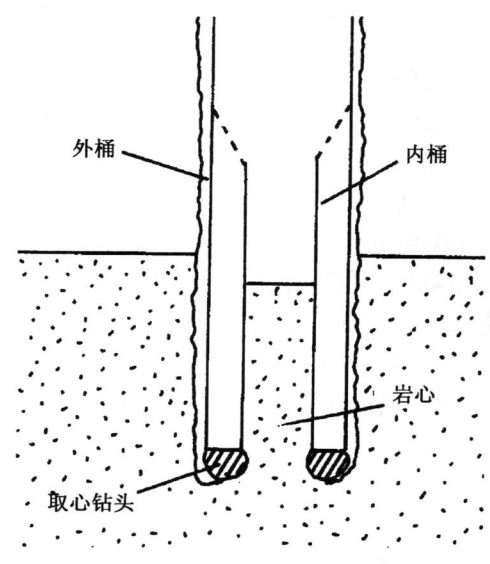

图7-1 常规取心钻具

在取心钻头向下钻进时,地层岩石会从取心钻头中空部分进入上部的岩心筒。当目的层钻完后或岩心筒(通常为30英尺长)已满时,取出钻具。岩心筒中的岩心爪可以抓牢岩心并将其带至地面。

取心作业中的两次更换钻头(常规钻头—取心钻头—常规钻头),涉及两次起下钻,因此非常耗费钻机时间,对于深井来说尤为如此。另外，取心钻头钻进的速度也比常规钻头慢得多。因此取心具有较高的成本，故而被较谨慎地实施。

常规取心通常适用于陆上的较老较硬的岩层。其他特别是陆缘的一些胶结松散的岩层由于易碎的缘故，不大适合于常规取心。

(1) 取心时机：对于初探井，经常是对每次孔隙度突变的地层都要取心。

井场地质人员不知道在钻进进程中什么时候会钻遇孔隙性地层。因此，要时刻对钻进过程进行严密监视，一旦钻到孔隙地层则要停止钻进。如果不保持高度的注意，那么这一层也许一下子就钻过去了，也就丧失了取心的机会。

钻时曲线的突变是钻遇孔隙性地层的第一个信号。当地质人员看到一个钻时突变时，他要让司钻马上停止钻井，提出钻头，并对井眼进行彻底循环。这样他可以检验最后循环上来的岩屑，看一下是否真的钻遇了孔隙性地层以及有没有油气显示。如果情况正如所料，则可以告诉钻井人员准备取心。

地质人员在这种场合的压力是较大的。因为，一方面，他要保证不漏掉一个可能的产层；另一方面，他又不能浪费宝贵的钻井时间取上来一桶泥岩或其他非储层类岩石。如果取上来的真是一桶泥岩，那么这名地质人员的可信度就要大打折扣，以至于下一次当他再度要求停钻取心时，很有可能会遭到拒绝。因为钻井队的首要目标是尽快把井打完，而不是录取更多的地质资料。

(2) 岩心分析：取上来的岩心被送到实验室进行分析。实验室中有时会进行全岩心实验，不过更多的情况下，是对岩心上钻下来的岩样进行实验。对这些岩样一般进行如下的例行分析：

①孔隙度可以通过若干种方法得到。一种方法是在曲颈瓶中蒸干岩样中的流体，然后对流体进行冷凝，并测出其体积，连同岩样的体积计算出孔隙度。

②此外，还可以从冷凝的流体中计算出各个流体的饱和度。不过由于岩心被钻井液滤液侵入过，这种饱和度的分析只是定性的。

③将岩样转入压力室内，使流体通过它，可以测出渗透率。

一般在测渗透率时，水平和竖直方向的都要测。因为一般来讲，砂岩的垂向渗透率要小于水平渗透率。

7.4.2 井壁取心

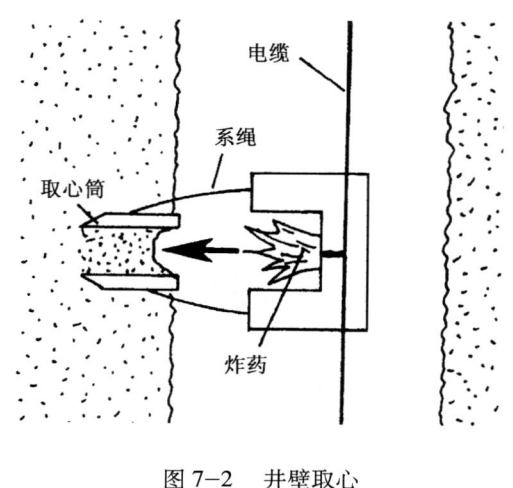

图 7-2 井壁取心

井壁取心工具由电缆下入。取心工具会将一些小圆筒打入井壁使岩心嵌入其中。在提出取心工具时，绳索将这些小圆筒一同拽出（图 7-2）。

井壁取心只适于软地层，对于硬地层，这些圆筒不能穿入。由于在井壁取心过程中出现了对岩样的压缩，所以不能够从中得到可靠的孔隙度和渗透率信息。

井壁取心的一个主要作用是用来对测井曲线在岩性和饱和度方面不确定的点进行验证。

7.5 试 油

对一个潜在的油藏进行生产能力测试是具有十分重要意义的。尽管测井结果可能表明一个油藏不具有商业开采所应具备的渗透率和含油饱和度，我们仍应注意测井只是一种间接的手段，可能会对我们产生误导。除非开始生产，否则作业者永远不能百分之百地判断一口井的生产能力。

单纯依靠油井资料来指导油田开发曾经导致过许多失误。对于气藏，尤为如此。因此广泛的试采十分必要。鉴于试采的关键性和重要性，SPE 规定一个油藏的产能必须在试采后才能做出。

7.5.1 中途测试

在打初探井时，可以对潜力地层进行中途测试。中途测试可以测定流量和油藏压力。其过程通常为：

(1) 提出钻头，换上测试工具。测试工具包括阀门和用来封隔环形空间的封隔器，封隔器下有压力计（图 7–3）。

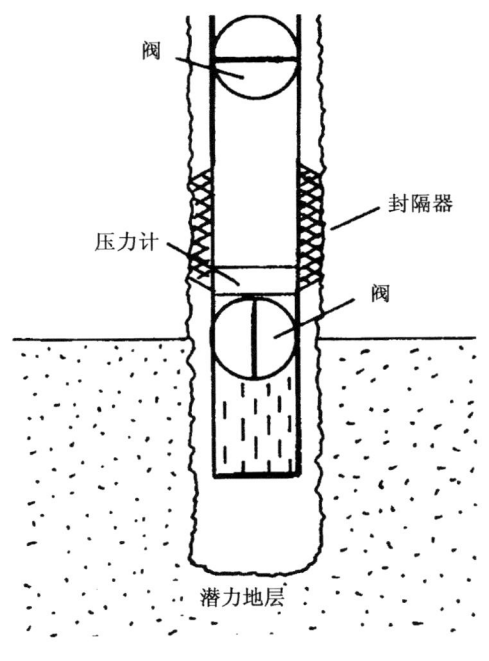

图 7–3　中途测试

(2) 下入测试工具。此过程中阀门关闭防止钻井液进入，下到预定深度后，坐封封隔器到目的层上方。

在下入过程中，压力计不断对钻井液压力进行测量。封隔器坐封后，钻井液柱压力与测试工具隔离。

(3) 阀门转换，进行 15 分钟的油藏压力测量，测得原始油藏压力。

(4) 再次转换阀门，油藏流体流入钻杆并产出。这一过程通常在半小时以上。如果幸运的话，会有油气产出，标志着一个新的发现。

在此过程中，所有人都会集中在钻台上观察钻柱中油气流出的迹象。首先一个迹象是钻柱中有空气吹出：这说明地层中有流体正注入钻柱。这一现象表明地层具有一定渗透性，是一个令人鼓舞的迹象。然后，关注会集中在地层正在产出的流体性质。

如果吹出的空气速度很大，则表明这是一个气层。这种情况下，天然气会很快地在数分钟内到达地面。这时要赶紧将导气管线接上，以使天然气到达地面时可以被引导到火炬烧掉。

如果吹出的空气比较平稳，则表明地层可能正在产出石油。石油可能流到地面，也可能达不到地面，这取决于油藏压力的大小。能流到地面的情形表明较高的产能。

如果吹出的空气逐渐停止，则表明正在产出地层水或油水混合物。由于密度的原因，地层水很少流到地面。

如果有油水产出，压力计会不断记录钻杆中流体的压头上升情况。

（5）在测试的最后，再次转换阀门对油藏压力进行最后一次测试。

钻柱中的压力上升速度比压力本身更加重要。压力上升速度快，表明油藏渗透率高，油藏品质好。

（6）封隔器解封，上提钻柱。钻柱中的流体不放空，这样一根一根卸下钻杆时，可以看到其中流出的液体，从而得知多少钻杆中是水，多少钻杆中是油，这对评价地层是有好处的。

图 7-4　中途测试压力测试曲线

测试工具起上地面后，压力计记录被提取（图 7-4）。当前有一种新技术，可以通过钻井液传声的方式将实时测得的压力数据传至地面。这一服务价格较高，不过可以帮助测试人员更灵活地调整测试时间以达到更好的测试效果。

由于井壁面不平整的原因，封隔器的良好坐封一般较难达到。许多中途测试因为封隔器不能坐封而失败。在测试完全钻穿的地层时，封隔器坐封更成问题。这种情况下要采用双封隔器——一个在地层上方，一个在下方。要使这两个封隔器都坐封良好是困难的。因此，就像在取心前要做到的那样，最好不要等完全钻穿地层再对其进行测试。

中途测试有时也在下套管并射孔后进行。这种情况下既不用考虑封隔器的坐封问题，又无卡钻之忧虑，同时数据质量也会更高。这些优点有时可使得下套管及固井等费用变得非常划算。

7.5.2　电缆地层测试

电缆地层测试较之中途测试要便宜得多，不过数据质量也要差很多。

在完钻后，下套管前，用电缆下入测试工具。工具上装有弹簧将测试工具压在井壁上，以便测量压力及进行流体取样。一次下入便可进行多套地层的测试。

7.5.3　试油

油井完井，钻井液排出后，可以对其进行试油以测试其产能。

试油时间一般为 24 小时，不过有时要比这个时间短，测试结果折算成 24 小时产量。在试油过程中要记录油压及油、气、水的产量等数据。如果是自喷井，还要记录油嘴大小。如果是人工举升井，举升参数也要记录。

试油结果在最早阶段较为可靠地反映了油井产能而显得十分重要，因为油井的产能决定了其获利能力。

试油结束后，就可以将油井从钻井报告上拿掉了，这时油井将进入到采油阶段或其他阶段。

7.6　裸眼测井

油井完钻后，可以下入测井系列进行测井。测井资料占到地层测试资料的大部分。

测井技术与地震技术，均属于上游石油工业技术含量最高的领域。新的测井工具及解释技术日新月异，不断发展完善。

每种测井工具测量地层或地层流体的一种或几种电性、声学或放射性特征。这些特征信号有些是地层自发发出的，有些是由测井仪器引发的。

油井一般在裸眼情况下进行测井，因为套管会对测井仪器产生干扰。有一些放射性测井工具可以在下了套管的井中使用。

一些常规的测井解释比较简单，稍有训练的人就能完成。不过，对于要求较高的测井解释，就需要专门的岩石物理学家来帮助完成。

7.6.1 测井作业

测井仪器由电缆下入。电缆自测井车后面的电缆滚筒抽出。

几种不同的测井仪器通常组合在一起下入。对于重点井，可能要测若干次。测井费用成为某些油井的主要费用（图7-5）。

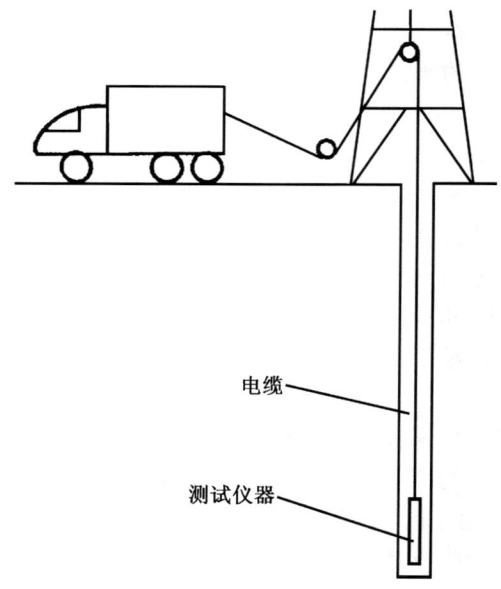

图 7-5 测井

测井时，测井仪器下到井底，缓慢上提并测量。测井井段是井底到地面人们所感兴趣的那一部分，其余部分不进行测量。比方说，一口10000英尺的井，可能只有最底部2000英尺进行实际测量。测井曲线通常印在8英寸宽的条形纸上，并折叠起来。

7.6.2 岩性（渗透率）测井

（1）自然电位测井：自然电位是一种自发的电化学电位，它发生在孔隙渗透性地层与泥岩的交界处。因此自然电位测井主要用来找出渗透性砂层以及判别其厚度和质量。

自然电位曲线一般位于测井曲线图的最左边，其向左偏移的部分代表孔隙渗透性地层（图 7-6）。

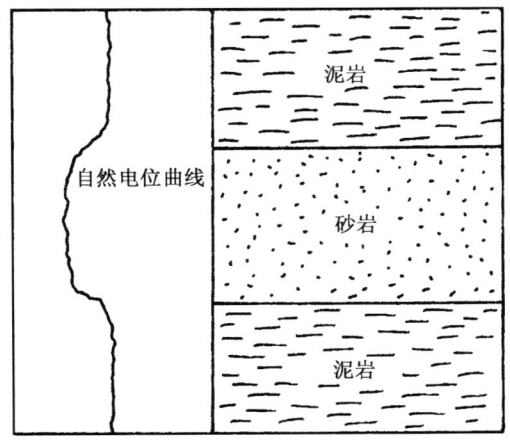

图 7-6　自然电位测井

（2）自然伽马测井：自然伽马测井仪器中安装有闪烁计数器，用来记录地层发射出来的伽马射线。由于泥岩，特别是海生泥岩所发射的伽马射线量要比其他种类沉积岩石多得多，自然伽马测井主要用来区分泥岩和砂岩，这一功能与自然电位测井相似。自然伽马曲线与自然电位曲线放在一起，其向左偏移的部分代表孔隙渗透性地层。

7.6.3　孔隙度测井

（1）声波测井：声波测井仪器发出声波脉冲并测量其通过地层的时间。

声波传播的速度越慢，说明孔隙度越小。在已知岩性（砂岩或灰岩）的情况下，通过声波的传播速度可以精确地计算出地层孔隙度。

（2）密度测井：密度测井仪器向地层发射伽马射线，然后通过位于伽马射线源上方的探头记录返回的伽马射线强度。被地层吸收的伽马射线越多，说明地层的密度越大。孔隙度减小岩石的密度，因此返回的伽马射线越多，地层的孔隙度越大。

（3）中子测井：中子测井仪器向地层发射中子并测量地层对中子的捕获率。由于中子主要由油、气、水中的氢原子捕获，所以捕获率反映了地层孔隙度。

由于气体在同样体积条件下，所含氢原子数目较油和水少得多，对于含气地层，中子测井孔隙度测量值偏低。利用这一特点，可以将密度测井与中子测井进行对比，进行油层和气层的判别。对于渗透性的高电阻层，如果中子测井测得的孔隙度要比密度测井测得的低得多，就说明该地层为气层而非油层。

7.6.4 电阻率测井

电阻率测井的原理是充满油气或淡水的地层电阻率要比充满盐水的地层电阻率高得多。这是因为盐水是电解质，其中的自由离子使其具有了良好的导电性。而油气或淡水中由于缺乏自由离子而电阻较大。因此，对于渗透性地层，电阻率测井用来判别该层到底是油气层还是水层。

电阻率测井仪器工作时，向地层加电压并测量流过的电流：

$$电阻 = 电压 / 电流$$

在测井曲线图中，电阻率曲线位于自然电位或自然伽马曲线的右边。向右偏移的部分代表高的电阻率。

图7-7演示了如何利用自然电位测井测量储层厚度，并用电阻率测井判断流体饱和度。在这个例子中，砂岩地层的上部是油层（高的电阻率），下部为水层（低电阻率），存在有一个油水界面。

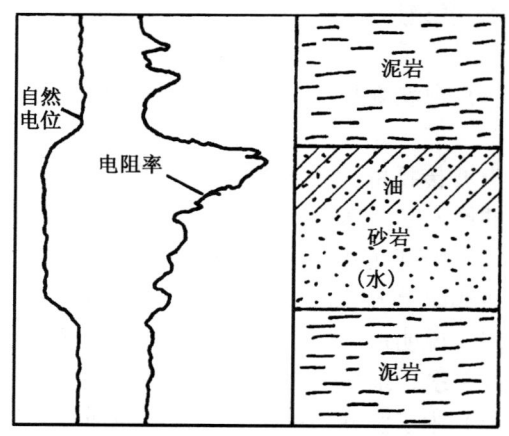

图7-7　自然电位与电阻率曲线组合揭示砂岩油水界面

通过孔隙度测井测得孔隙度，利用估算的油、气、水电阻率，可以通过电阻率测井数据算得地层的含水饱和度（S_w）。在知道了含水饱和度后，可以得到含油饱和度（$1-S_w$）。在此基础上可以判断该地层是会产油、产气还是产水。这就体现了测井的功能。

注意到，对于图 7-7 中的情形，也可以判断为水层上面为天然气。油和气的电阻率都较大，在大多数电阻率测井曲线中反映出来的特点都相似。这时如果有对该地区开发的经验，解释人员可以对该层中到底是油还是气作出较为准确的判断。

为了帮助解释，一般在一口井中进行若干种电阻率测井。比如，小电极距的（1.5 英寸）电阻率测井用来测量近井地带的地层电阻率，大电极距的用来测量更大范围内的地层电阻率。这样做很有必要，因为近井地带往往被钻井滤液所侵入，导致电阻率的变化。

7.6.5 井径测井

井眼的直径在某些井段可能因为泥岩的垮塌而增大或在渗透段因泥饼的形成而缩小。其他种类的岩石如石灰岩或胶结良好的砂岩则不会造成井径的变化。

井径测量仪器通过带弹簧的臂贴在井壁上进行井径测量。

井径测井的主要功能是：

(1) 得到井眼的准确半径以协助其他测井曲线的解释。
(2) 判别泥饼所在位置以找出渗透层。
(3) 计算出井眼体积，帮助计算固井水泥用量。
(4) 为中途测试找到封隔器坐封的理想井段。

7.7 地层流体取样

如第 2 章讨论的，油藏因所含流体性质不同，表现出来的特点也是千差万别。因此新的油田被发现后，首先要在原始油藏条件下对地层原油进行取样，并进行 pVT（压力－体积－温度）实验室分析。分析结果用来预测产量及进行储量估算。

取样在完井后及生产前进行，因为在原始油藏压力下取样是十分必要的。油井先稳定生产一小段时间关井，用电缆下入取样装置在油藏深度位置取样。另一种取样方法是在油井生产时在地面取样。

8 完 井

如果一口井是干井,那么就会被打若干段水泥塞封井并弃井。每段水泥塞大概有 200~300 英尺,两段水泥塞中间有钻井液。

反之,如果一口井发现了工业油气流,则会对其进行完井作业,使之成为生产井。完井作业步骤如下:

(1) 下入生产套管并固井(注意到之前可能已经下入多层技术套管)。

(2) 产层段进行过套管射孔。

(3) 如果有必要,进行地层压裂酸化或砾石充填这一防砂措施。

(4) 下入油管、封隔器并安装井口采油树,然后就可以投产了。

8.1 下 套 管

套管是一种大直径的钢管,采用螺纹连接,一根根接起来下到井中。与油管不同的是,套管下入后需要在其外壁与井壁间的环形空间注入水泥加以封固。

8.1.1 下套管的目的

套管及水泥环有如下重要功能:

(1) 封隔钻井液与井壁。一些井壁黏土易从钻井液中吸水膨胀并发生垮塌;浅层及胶结差的地层易受钻井液冲蚀。

(2) 对于陆上钻井,套管可以封隔盐水层和浅层饮用水层,防止其受污染破坏。对于海上钻井,没有这种顾虑。

(3) 套管为井下工具的下入提供了光滑的通道。

(4) 套管及水泥环可以封隔地层,以利于分采。为了达到多套地层的最优化开采,这些层间应该是压力互不连通的;对于单一的油藏,可能想先开采含油部分而不射开气顶或水层。

8.1.2 陆上套管程序

打井时，为了防止钻井液侵蚀，要按要求下入套管。到底要下入多少层套管取决于地层的性质和稳定程度以及所采用的钻井液性质。每一层新的套管要下在前一套管内部，因此直径是逐渐减小的。

(1) 表层套管：钻井一开始，先钻开表层未胶结地层及饮用水层。这一段大概有几百英尺。这时要下入大直径表层套管到底部并在环形空间注入水泥浆。这时需要数个小时的候凝时间来使水泥凝固。

(2) 技术套管：许多井，特别是一些浅井，并不需要下入技术套管。不过如果一些地层在长时间的钻井液浸泡下会变得不稳定，则可能需要下入技术套管。一些深井可能需要下入 2～3 层技术套管。

下技术套管前，首先下入小一些的钻头到表层套管中，钻穿套管鞋及水泥塞。钻穿易塌地层后，起出钻柱并下入技术套管，固井。固井水泥需上返到上一个水泥环底部以上的一定距离，以使水泥环总体形成一个封闭的保护。所有套管都悬挂于井口。井口同时对环形空间进行封闭（图8-1）。

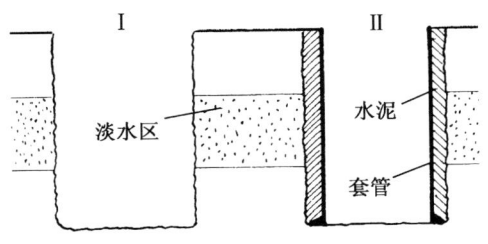

(3) 生产套管：生产套管下入产层并固井。

到此，水泥环形成了一个连续的筒状密封将井眼与地层分隔开来。然后要进行过套管及水泥环的射孔来射开产层（图8-2，V）。

(4) 尾管：如果担心钻井液污染产层，可以将套管下在产层顶部，用干净的钻井液顶替出原来的钻井液后，再钻开产层。

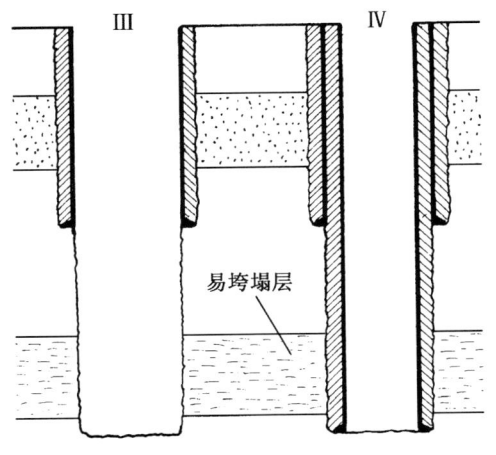

图 8-1 表层及中间套管

然后，可以采用裸眼方式完井或下入尾管、固井并射孔。尾管不像套管那样一直延伸到地面，而是悬挂在上一级套管上（图8-2，Ⅵ）。

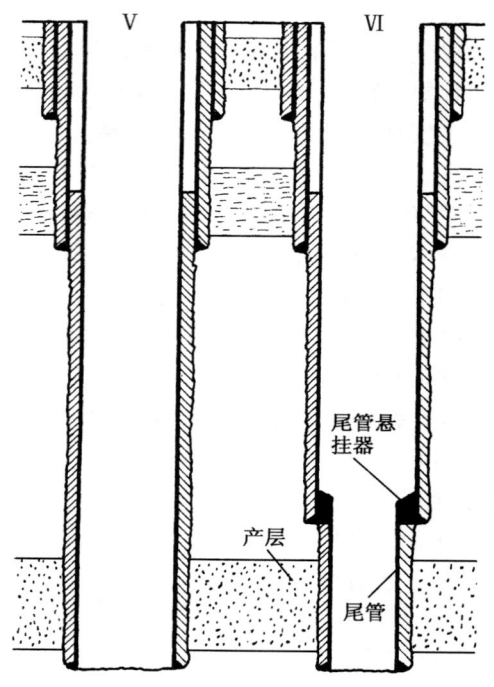

图8-2 生产套管及尾管

这种在套管下方悬挂较短的尾管的方法看来较为经济省钱。在实际操作中，尾管悬挂器造成的窄小通道却常常给井下工具的起下造成麻烦，因此值得多花费一些成本下入套管来形成一个光滑通道。

由套管的下入程序可知，套管一层层下入的过程中，其直径越来越小。因此，在打井之前就要有计划好的套管程序，保证最终生产套管的直径足够大。

8.1.3 海上套管程序

海上钻井时，首先下入的是一种大直径的导管。在导管底部装好支持单元后，可以采用打桩或钻进的方法把导管插入海底并固井。导管向上一直延伸到钻井平台底下，提供了钻柱及钻井液的通道。

在浮式单元中，采用的是桩式海底基盘。基盘上安装防喷器，防喷器通过浮式或钢缆牵引的导管连到海面以上。

8.1.4 套管设计

对于深井和高压井，套管设计是十分重要的。如果套管被破坏，那将对几百万美元的投资造成威胁。另一方面，如果套管设计超过了必要的标准，则会浪费大量的金钱。因此套管的选择应该做到恰到好处能保证安全生产。

在套管的直径确定后，要确定各套管的壁厚及强度。这一过程需要大量计算，不过可以通过专门的计算机软件完成。由于套管供应商不可能准备好所有可能尺寸的套管，最后的选择应在已有的套管型号间取舍。套管程序设计的4个标准如下：

（1）张性强度。因为套管柱下部的套管都悬挂在上部，因此上部的套管可以考虑采用厚壁或高钢级的套管类型。如果上部采用厚壁套管，考虑到增加的重量，需要重新展开计算。钻井液的浮力在计算中不计，这样在计算中等于增加了一些安全余量。

（2）套管变形。套管变形危险性最大的时候是在固井时水泥全部进入到环空中的时候。由于水泥的密度比套管中的钻井液密度大得多，井越深，这种来自套管外面的压力差越大。所以在下部要采取一定的加强措施。

（3）套管破裂。与套管变形一样，套管破裂易发生在套管柱底部。套管破裂易发生在注水泥的初始阶段及压裂作业时。

基于以上的种种情况，套管柱在设计时，上部要考虑到张力强度，下部要考虑到变形和破裂。中间的套管强度可以弱些。

（4）腐蚀。对于深井，要尽量采用高强度钢级的套管，因为单纯使用厚壁套管会造成上部张性应力过大。然而，高钢级的套管易受腐蚀。如果有硫化氢气体存在则更是麻烦，因为硫化氢可以进入到钢体中使之变脆。对于非常深及压力非常大的井，镍合金套管通常会是唯一的选择，不过这种套管的价格不菲。

8.2 固井

固井用来对套管进行水泥胶结。固井在需要修补或是在作业时，还可能要采用挤水泥工艺。固井的目的是要在套管外壁和井壁间建立一个水泥套,该水泥套完全封闭套管和井壁间的环形空间,防止地层通过环形空间产生压力和流体的连通。

8.2.1 下套管附属构件

下套管时,要用到如下附属设备(图8-3):

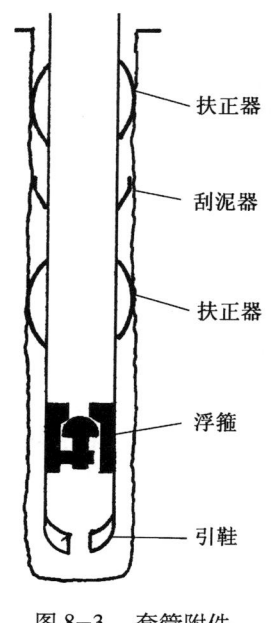

图8-3 套管附件

(1)套管柱底部装有引鞋,其圆滑的底部可以防止下套管过程中卡在井壁的不规则突起上。引鞋由易钻材料制成。

(2)引鞋或浮箍上装有单向阀。浮箍距套管底部为1～2个套管长。

单向阀在下套管时保持关闭,可以防止钻井液进入套管。这样一来就产生了一定的浮力,可以减轻下套管设备的承重及对上部套管的拉力。在套管柱下入的过程中,要不时向套管中注入水,以平衡套管内外压力,防止套管挤压变形。此外,在注水泥时,单向阀打开;注水泥结束时,单向阀关闭,防止水泥倒流。

(3)刮泥器,也叫钢丝刷,装在套管外壁用来刮除井壁上的泥饼,以使水泥环与地层间的结合质量更高。放射状安装的刮泥器(图8-3)使用时要上下活动套管柱,竖直方向的刮泥器通过旋转套管柱来操作。

(4)扶正器安装在套管外部,在注水泥时可以使套管在井眼中居中。套管居中对形成完整的水泥环至关重要。

8.2.2 水泥混合

对于连续操作程序,干水泥与水混合,混合后形成的水泥浆泵入井中。然后,在水泥浆后替入钻井液,将水泥浆替出套管柱并使其沿环形空间上升。干水泥由水泥及一些调整其性质的添加剂组成。这种水泥是由水泥厂批量生产并运输到作业施工现场的。

一些常用的添加剂类型为：
(1) 加快水泥凝固的添加剂。
(2) 适用于深井及高温井的防止水泥提前凝固的添加剂。
(3) 调整水泥密度的添加剂，用来减小泵入压力，并实现在不压裂地层的前提下达到较高的水泥返高。

8.2.3 固井作业

泵入水泥前，先在套管中下入胶塞以封隔水泥及钻井液，防止污染。泵压打开浮箍上的单向阀。在水泥的顶替下，钻井液通过引鞋上升到环形空间中（图 8-4）。

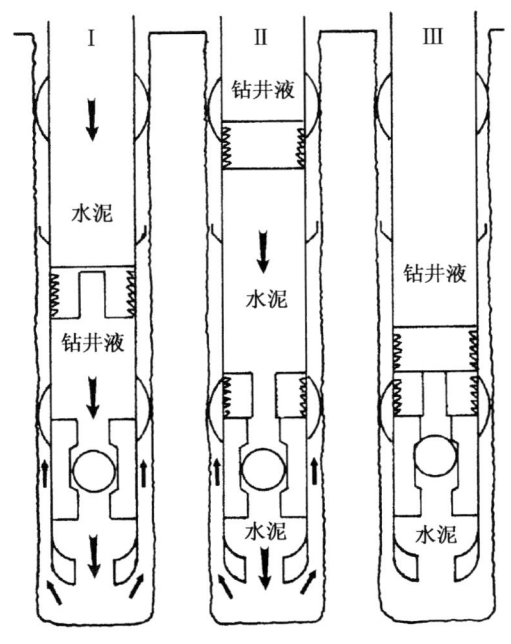

图 8-4 固井作业

胶塞碰到浮箍后，其上的橡皮膜破裂，水泥通过引鞋上升到环形空间中。注水泥完成后，在其后下入上胶塞，并注入钻井液顶替。

当上胶塞碰到浮箍后，地面上可以观测到压力突然上升，这时就可以结束作业了。停泵后，套管内压力下降，压差使得单向阀关闭，防止水泥倒流入井筒中。

8.3 套管射孔

石油工业的早期，一般只是将套管下在产层顶部，然后钻穿产层裸眼完井，并在井底引爆硝化甘油对产层进行爆破。爆炸可以清理掉井眼附近被钻井液污染的部分，将有利于生产的新鲜产层暴露出来。这种完井方式的缺点是不能分层生产。比如说，有时可能需要避开水层或气层单独生产一个较薄的油层。

目前的完井技术，采用固井及套管射孔工艺，可以实现分层采油。射孔一开始采用的是子弹，后来被穿透力更强的聚能喷流射孔所取代。常用的射孔密度为 4 ~ 10 个孔/英尺，孔与孔的方向相隔 180°或 90°（图 8-5）。

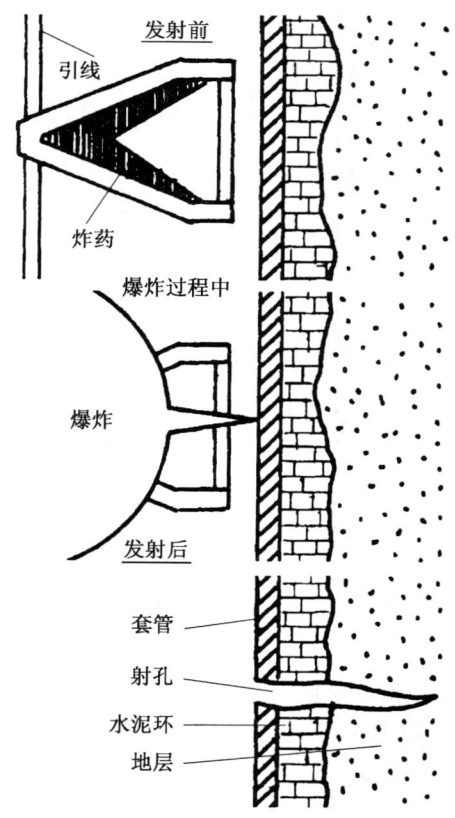

图 8-5　聚能射孔

8.3.1 射孔枪

射孔枪由电缆下入,射孔完成后收回。射孔枪由坚固的钢制成,可以重复使用,枪内装有聚能炸药,由易洞穿的软金属帽保护。点火线在枪体的中空部位穿过。射孔枪作业完成后在井中几乎不留下任何杂物。

对于过平衡的情形(图 8-6),井筒中充满了盐水,射孔后,这些水会迅速进入孔眼,对地层起到压井的作用,可以防止出现井喷。

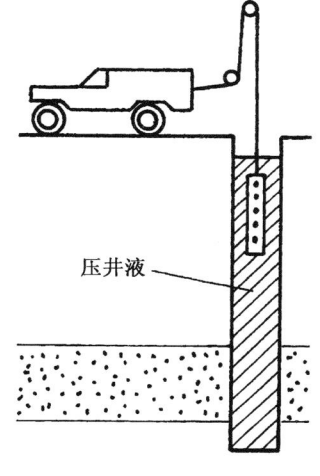

图 8-6 射孔工艺

8.3.2 欠平衡射孔

在过平衡射孔时,进入孔眼的盐水会把一些杂质带入地层,可能会破坏近井地带的渗透性,严重影响到油井将来的产量。因此欠平衡射孔就成了更好的选择。这种情况下,井筒中的液位较低,压头小于地层压力。然后通过套管顶部安装的防喷管下入射孔枪(图 8-7,Ⅰ)。

在欠平衡条件下射孔后,压力相对较高的地层流体会流入到井筒中来,同时将射孔产生的杂质冲刷出来,起到了清理孔眼的作用。这时

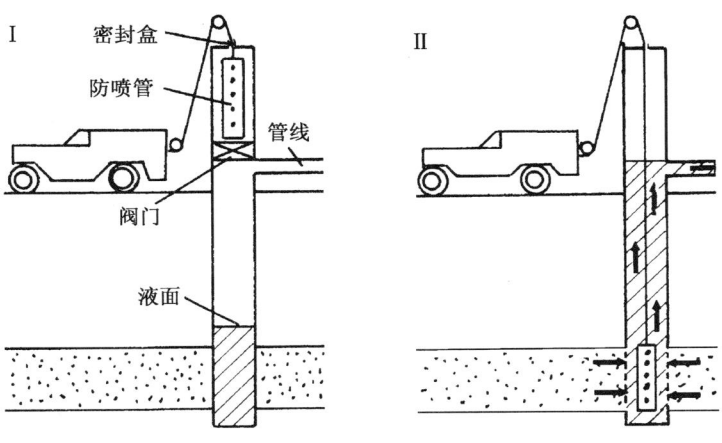

图 8-7

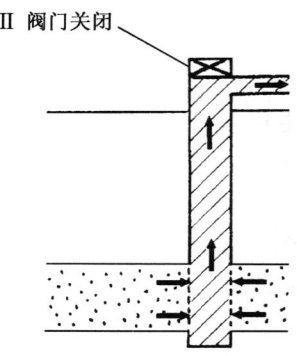

图 8-7 欠平衡射孔

可以让井中流体流出以进一步清洁，密封盒可以承受相应的压力（图 8-7，Ⅱ）。射孔枪收回到防喷盒后，关闭防喷盒阀门，放掉压力，然后可以取走防喷盒和射孔枪（图 8-7，Ⅲ）。

8.3.3 过油管射孔

过油管射孔枪直径很小，可以容易地在油管中穿过。由于要射孔的井已经安装了封隔器、油管和井口装置，可以实行欠平衡射孔，射孔完后可马上投产。这样一来就避免了为下入井下工具而压井造成的油层污染（图 8-8）。

8.3.4 油管传送射孔

油管传送射孔枪装在油管柱下端的一个封隔器下面。如同过油管射孔一样，这种射孔方式可以在井下管柱完备的条件下进行欠平衡射孔。其比过油管射孔有优势的地方在于油管传送射孔可以下入更长和装有更大射孔弹的射孔枪。另一方面，油管传送射孔方式可以将射孔枪推入电缆传送射孔难以通过的倾角很大或水平的井段（图 8-9）。

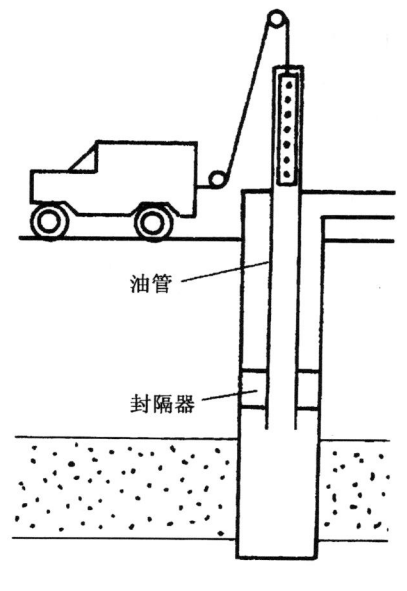

图 8-8 过油管射孔

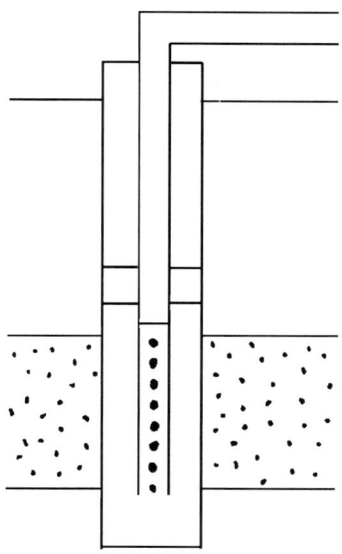

图 8-9 油管传送射孔

8.4 油井增产措施

如果射开的是高渗透层，可能不需要任何增产措施，油井就能顺利生产。这种方式叫做自然完井。然而，大多数井在投产前需要进行酸化或水力压裂等增产措施。增产措施往往可以见到很好的效果，便使产量得到成倍的增长。

8.4.1 增产措施的增产原理

增产措施可以为油藏流体提供更好的流向井筒的通道。在油藏流体从油藏最终流到地面储罐的流动过程中，一个主要的压力瓶颈是流入井筒前的数英寸。

图 8-10 展示了径向流的情形，在流体流向井筒的过程中，流线越来越密。这一地带的狭窄通道造成了流向井筒的困难。对于高渗层，这也许不算什么，不过对于低渗透层或中低渗透层来说，这就是严重问题了。

近井地带也是地层破坏的高发地带。地层破坏是由于地层与钻井液

图 8-10 径向流及地层破坏

接触造成的,可分为两种情形:

(1) 一些地层黏土吸收了钻井液滤液而导致膨胀,堵塞地层孔隙,减小了地层渗透率。

(2) 钻井液中的固相颗粒堵塞了地层孔道。

8.4.2 增产措施及其效益

近井地带是油流的主要瓶颈,油藏中的流体流动空间很大。对于流动的下游,可以在地面安装大排量的举升设备来采油。由此,采油速度主要取决于增产措施的效果。

油井的日产量对于该井的经济效益有着至关重要的影响。单井控制储量对于油井效益当然也很重要,不过根据资金的时间价值,如何快速地采出储量,往往比储量的大小对经济效益的影响更大。由此进一步看出,增产措施的极端重要性。

8.4.3 增产措施作业

增产措施总体来说就是将处理液通过泵,从储罐中经油管注入地下。压裂作业可能需要几千磅的地面压力。陆上作业中,泵及储罐是车载的;海上作业中,这些设备是撬装的(图 8-11)。

(1) 酸化作业:酸化的作用是消除近井地带污染,提高近井渗透率。对于砂岩油藏,酸液通常采用氢氟酸;对于石灰岩油藏,通常使用盐酸。作业过程中,酸液被缓慢地注入到地层中,压力控制在地层压裂压力以下。

(2)压裂酸化:压裂酸化的对象是石灰岩或方解石油藏。这些油藏岩石主要由碳酸钙构成,碳酸钙溶于盐酸。

作业过程中,采用盐酸溶液对地层进行压裂。压裂产生的裂缝一般是竖直方向的,也有一些是沿着地层原有裂缝方向的。酸液在沿裂

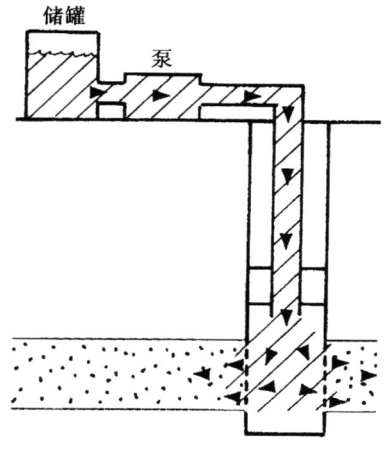

图 8-11 增产措施

缝深入的过程中,会在裂缝面上蚀刻出凹凸不平的痕迹。这样一来,停泵后,裂缝就不能够完全关闭了,蚀刻出来的裂缝面留下了很大的油流通道(图 8-12)。

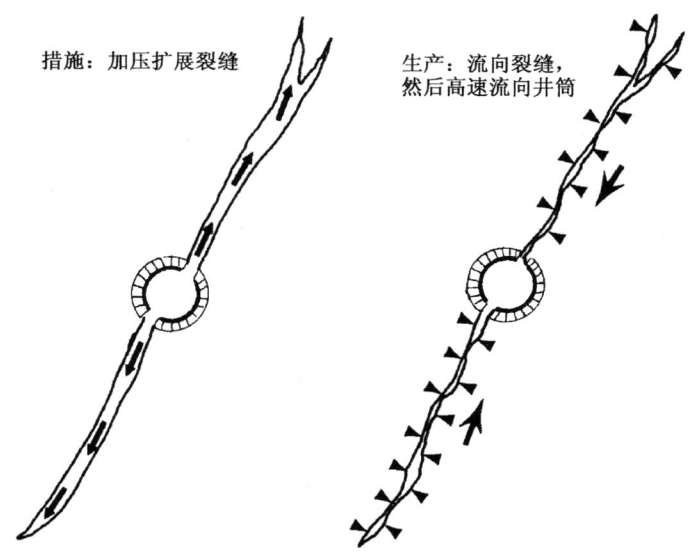

图 8-12 压裂酸化

(3)水力压裂:水力压裂最适合低渗透砂岩层,这种岩层常见于较老的陆上沉积。胶结疏松的海岸沉积通常具有较高的渗透率,不需要采

用水力压裂。

要压裂的地层通常需要几千磅的地面压力。压裂液通常采用加了聚合物的稠化水,可以防止向地层滤失,在保证足够压力的条件下将裂缝向地层延伸达几百英尺。这些加在水中的胶还可以减小流动阻力及对地面设备功率的要求。

当裂缝延伸得差不多时,在压裂液中加入支撑剂,通常为粒径大,磨圆好的砂粒。支撑剂随压裂液进入地层裂缝并沉降下来。停泵后,裂缝被支撑剂所支撑,不能够完全闭合(图8-13)。

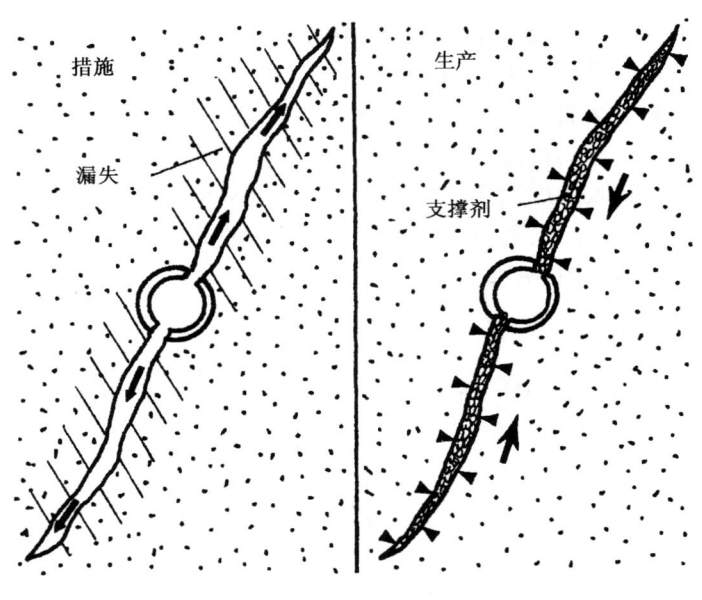

图 8-13　水力压裂

油井投产后,流体沿着阻力较小的为支撑剂所支撑的裂缝流动,顺畅地流到井筒中。

8.5　防　　砂

世界上许多产油区的砂岩油气藏胶结都很疏松。这样的油藏渗透率较高,无需增产措施。不过,伴随着油藏流体的采出,出砂也往往成为头痛的问题(图8-14)。

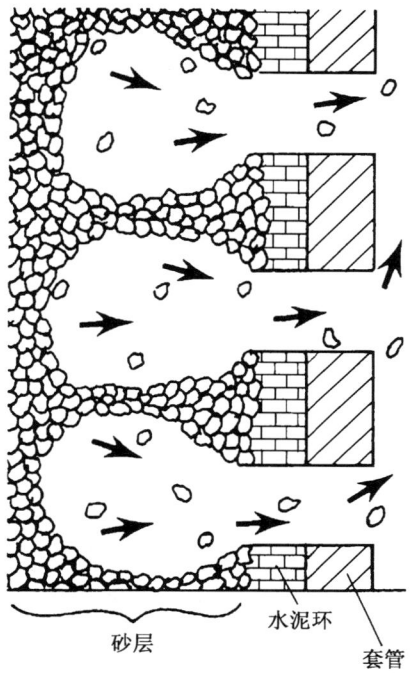

图 8-14　地层出砂

8.5.1　出砂造成的问题

与高速油气流一同采出的砂会冲蚀管柱。对于双油管采油的井，这一问题尤为严重（图 8-15）。

在这种油井中，上层产的砂可以冲蚀并割断采下层的油管。这样一来会导致上下油层连通，高压层流体注入低压层，造成储量损失。在这种情形下，为了保护油管，通常会在射孔端对侧下入防冲蚀油管。这种油管采用加厚管壁及橡胶外套以增加抵御砂

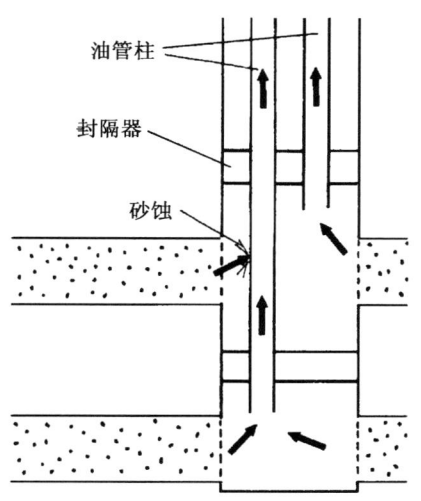

图 8-15　双管完井中的砂蚀

蚀的能力。

在流体改变方向时，砂蚀作用尤为明显。因此井口采油树也是一个危险点。常常有井口采油树弯头被冲坏，甚至造成井喷。

（1）砂堵：油井出砂还经常造成油管堵塞。发生此种情况时，则需要进行冲砂作业。此外，砂还会沉降在地面设施，比如分离器中，需要定期清洗。

（2）固砂：固砂是防砂的方法之一。其方式为向井底附近挤入树脂来将砂粒胶结在一起。另一种方式是泵入树脂包裹的砂粒。树脂凝固后，砂粒就被固定住了。固砂造成的主要问题是渗透率的降低，甚至使产量降至经济极限以下。有鉴于此，固砂法并没有得到广泛的采用。

8.5.2 砾石充填

砾石充填因其广泛的适应性、有效性及成功率，是目前应用最为广泛的防砂方法。对于砾石充填的井，油藏流体通过筛管进入井筒。砾石的粒径经过事先确定，充填在筛管和地层中间。最大的砾石直径也能使地层出砂在其间形成砂桥。筛孔的大小设计为能使砾石形成砂桥的最大孔径（图8-16）。

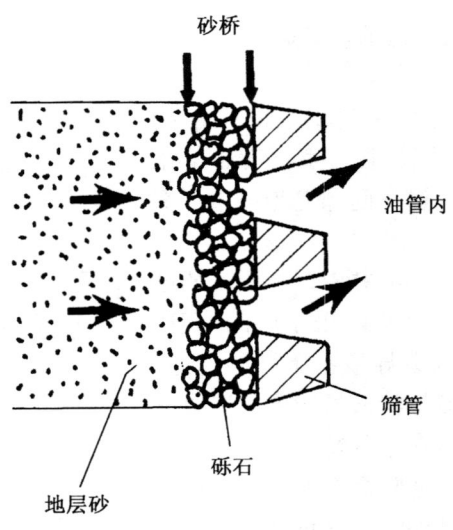

图8-16　砾石充填截面

砾石充填成本很高,成功率只有50%～60%。尽管如此,对于出砂井,砾石充填仍不失为一种有效手段,被经常采用。其过程为(图8-17):

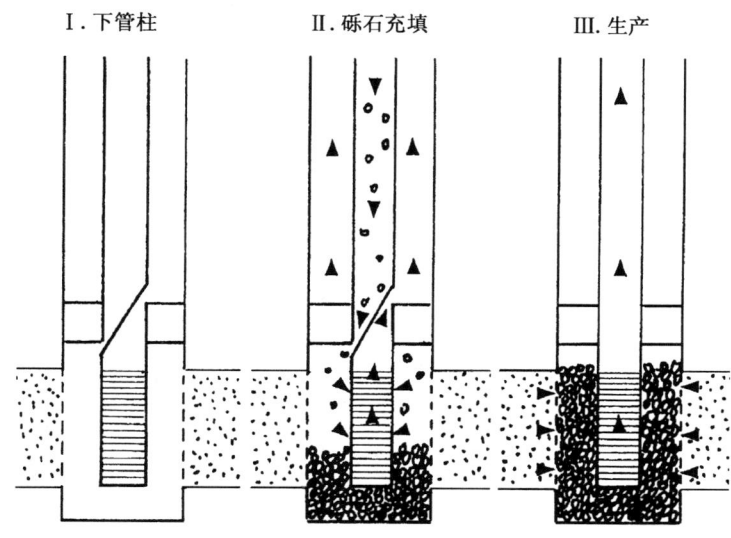

图8-17 砾石充填

(1)绕丝筛管连同转换封隔器接在油管柱底端下入。转换封隔器可以让流体从油管流到环形空间中,也可以让环形空间中的流体流回油管。

(2)砾石与稠化水在地面混合,泵入油管,从转换封隔器出口进入环空。稠化水通过筛管进入油管内返回地面,砾石留在筛管外沉积下来。

(3)完成后的砾石充填可以使油井无砂开采。

8.5.3 压裂充填

这是一种水力压裂与砾石充填相结合的较新技术。在这一过程中,砾石充填液被快速泵入,地层被压裂,砾石充填入裂缝中。

8.6 油井生产管柱及井口设备

套管很少作为油气生产通道被采用。一般在生产中使用油管作为油流通道。油管直径比套管小,下在套管中,下部通常有封隔器。封隔器封住油管和套管间的环形空间，保护套管不受地层高压及腐蚀性流体的侵蚀。对于压力下降的老油田，通常就不下井底的封隔器了，不过可以下入油管锚，以防止油管随活塞式深井泵作往复伸缩（图8–18）。

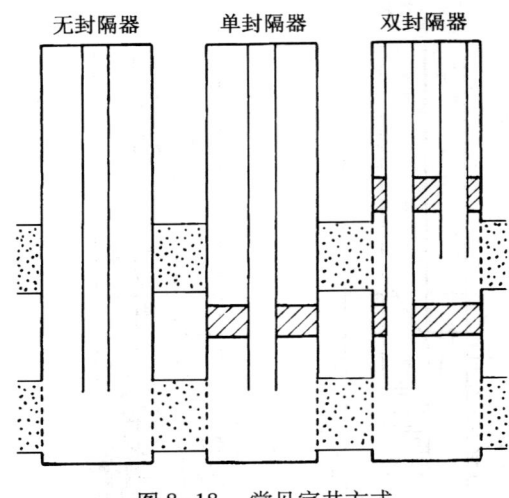

图8–18　常见完井方式

8.6.1　油管

油管一般为30英尺长单根，两头有螺纹接头。对于浅层、低产井，油管外径可以只有 $2\frac{3}{8}$ 英寸；对于高产气井，外径可达6英寸。深气井通常采用由上往下逐渐变细的油管柱结构。由于油管相对较轻，因此在修井时可以由较小负载的举升设备起出及下入井中。油管柱悬挂在井口的油管悬挂器上，与套管不同，油管柱可以起出。

8.6.2　封隔器

封隔器的结构各不相同，大致有三个共同结构：

（1）一个弹性的橡胶密封元件，该元件可以封闭油管外壁及套管内壁间的环形空间。

（2）机械式卡瓦，可以卡在套管内壁上，防止因压差导致封隔器上下活动。

（3）一个或数个中心孔。

封隔器主要有两种：

（1）永久式封隔器。此种封隔器由油管或钢丝绳下入，用炸药坐封。油管穿过封隔器下入，油管外壁橡胶与封隔器光滑内壁密合。永久式封隔器不可回收，但由易钻材料制成。

（2）可回收封隔器，同油管柱一同下入。其坐封方式多样，包括旋转、上提、坐放或水力坐封，可回收。不过有时也会出现回收困难。

8.6.3 油管附件

以下是一些与油管一起下入的油管附件：

（1）坐放短节。坐放短节形成管柱中的狭窄段，用来坐放不同的井下工具，如过油管桥塞、井下油嘴、深井泵等。

（2）防磨油管。加厚或有橡胶外套的油管，用来防砂蚀（见防砂部分）。

（3）井下安全阀。地面出现紧急情况时，可以自动关闭油管。

（4）滑套。通过钢丝绳操作，用来关闭或打开油管与环空间的通道。

8.6.4 双管完井

双管完井可以利用一口井分别生产两套油藏。这样在打井成本上较经济。利用两套油管柱及两组封隔器，不同压力的两个油藏可以分别开采。

三管，甚至四管完井有时也得到采用，不过由于增加的管柱及封隔器的复杂性，很容易造成层间窜通。

8.6.5 井口

井口安装在表层套管上，套管柱及油管柱悬挂在井口上。井口同时还起到封闭环形空间的作用。油井完井后，操作人员就不需要再接触井口了。陆地井口通常埋在地面下或在圆井中（图8-19）。

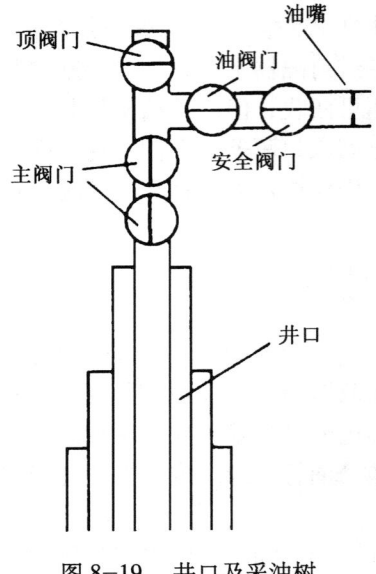

图 8-19 井口及采油树

8.6.6 采油树

对于高压自喷井，采油树作为井口阀门及管汇系统控制着油管中油的流动。采油树结构结实，可以完全控制地层压力，各个阀门的功能如下：

(1) 主阀门用来关井。许多采油树有两个主阀门，下面一个常开，上面一个供日常使用。如上面的磨损而不能关闭时，可以使用下面的主阀门。

(2) 防喷管阀门用来在过油管作业时对防喷管进行控制。

(3) 生产阀门用来控制油井日常生产。

(4) 大小不同的油嘴用来控制油井产量，并将压力控制在采油树内，保护下游设施不被过大压力损坏。

(5) 安全阀在井下压力异常时可以自动关闭来保障油井安全。

9 油田评价及开发

9.1 陆上开发

陆上初探井如果能够发现工业油流，可以很快完井并投入生产。

9.1.1 生产试油

除非进行过产能中途测试，油井的预期产量一开始是不清楚的。在开始的几天清空油井井筒中的处理液后，便可以开展试油了。试油是大家共同关注的，因此其结果要记录在钻井晨报中。

试油数据包括 24 小时内的油、气、水产量。如果是自喷井，还要包括油嘴大小及油嘴上游压力等数据。这些对于预测油井产能是十分重要的。如果试油的油井为抽油井，油泵的参数也要记录上报。在上报完试油结果后，该井就从钻井报告上取消了。

好的试油结果有时也会产生误导。有一些油藏，在完井的初期产量很高，在其后的几周内则可能迅速下降到经济极限以下。因此在实行大规模开发钻井之前，最好是对新井多进行一些时间的开采测试。

气藏尤其难以预测。许多预测错误造成了严重后果。在一口远离管网的气井被发现后，应该多打几口井来证实是否打到了足够规模的气田以使修建管线经济可行。由于对这种情况下的气井进行试采要将天然气释放到大气中，试采时间受到很大限制，通常少于 24 小时。在有些情况下，这么短的时间不足以准确对气藏进行评价。油井不存在试油时间上的问题，因为产出的油可以用罐车拉走。

9.1.2 滚动钻井

发现井完井并投入生产后，就可以开展开发钻井了。选择开发井钻井井位与选择探井井位有很大的不同，需要专门的开发钻井人员参与。在打探井时，探井井位部署人员是在对地下情况知之甚少的情况下进行部署决定的。在进入打开发井阶段后,已经有了从发现井取得的地下大量数据资料,包括岩心资料、测井资料和中途测试资料等。这就需要专门的开发地质人员对这些资料进行研究分析来确定井位了。开发钻井采用滚动钻井的方式(图9-1)。

在开发地震揭示出来的构造圈闭时,应尽量在高部位打井,并向边部滚动扩展(图9-2)。这样就保证了每口井都布置在最可能产油的地方。进一步向下,有可能打到油水界面。油水界面以上部位仍然采用扩边的方式打井。在这一过程中,由于孔隙度、渗透率等的变化,打到干井也是常事。不过要尽可能避免这种情况的发生。

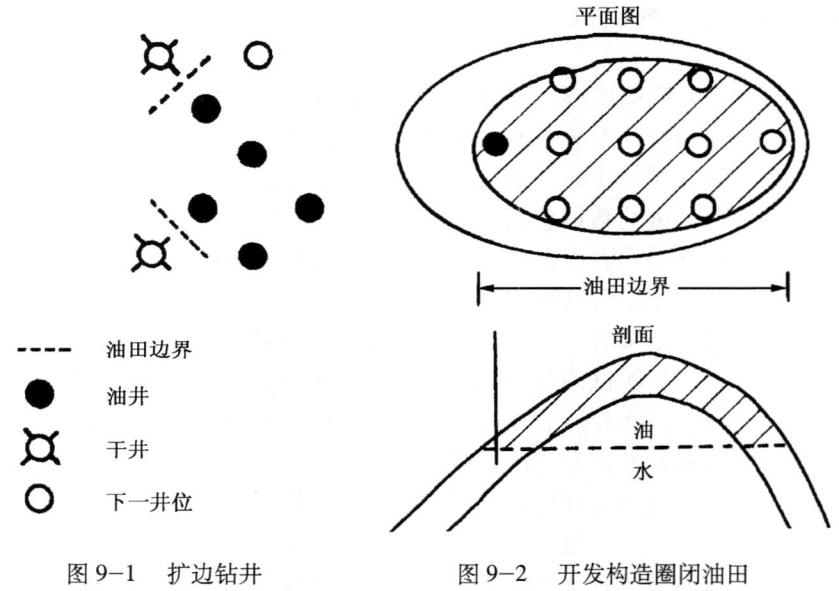

图9-1　扩边钻井　　　图9-2　开发构造圈闭油田

在开发地层圈闭时,地震资料起不上什么作用,每一步都有打到干井的可能。每一点资料都应该认真分析研究以减小打干井的可能性。比如,如果邻近的油田显示出东南—西北走向,那么一开始的扩边井就应按这个方向布置。

与初探井不同,大多开发井是成功的。不过在探边时,打到干井是不可避免的,对于地层圈闭尤为如此。

9.1.3 井距

开发钻井中,一个主要问题是,井与井间的距离应该是多少?也就是对于一个油藏,应该打多少井来进行充分开发?

理论上讲,对于连续的油藏,只要有足够的时间,开发完该油藏只要一口井就够了。不过这时间太长了,可能需要两三百年!资金的时间性要求打更多的开发井。从经济上考虑,新井可以增加收益,如果将这部分增加的收益用来打井所得到的回报大于打井成本,这口井就值得打。

在对未来成本、价格及利率预测的基础上,可以计算出针对每个油田的最佳井距。在美国,油井间距通常为单井面积40英亩、80英亩或160英亩。由于井距主要取决于地层流体黏度,对于稠油井,单井面积可以小至1/2英亩,而对于气井,这一值通常为640英亩(图9-3)。

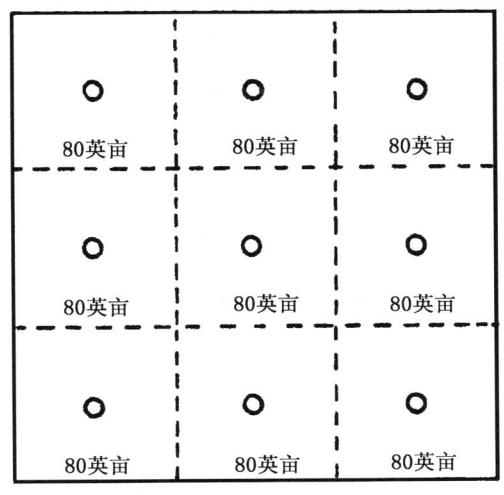

图9-3　80英亩井距

9.1.4 加密钻井

在对油田开发了一段时间后,经常需要打加密井(图9-4)。比方说,一开始的井网为80英亩井距井网,在加密钻井时,可以在井网网格中心打一口井。这样就使井数增加一倍,井距缩小为40英亩井距。

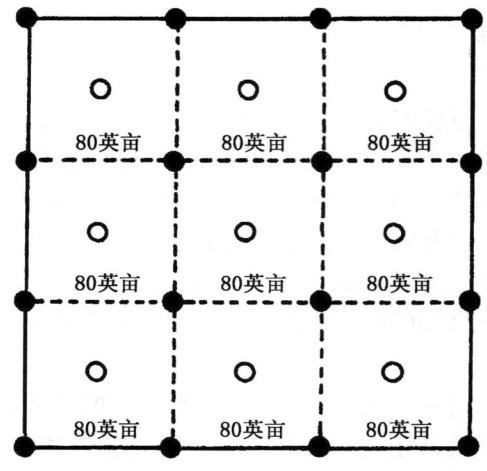

图 9-4 加密钻井

打加密井的原因在于:

(1) 油层渗透率过低,采用原井网不能高效开发。加密井处油藏压力接近原始地层压力,产能较高。

(2) 油藏也许是不连通的,比如由透镜体组成。原井网可能漏掉了一些透镜体,加密井则可以经济有效地弥补这一点(图 9-5)。

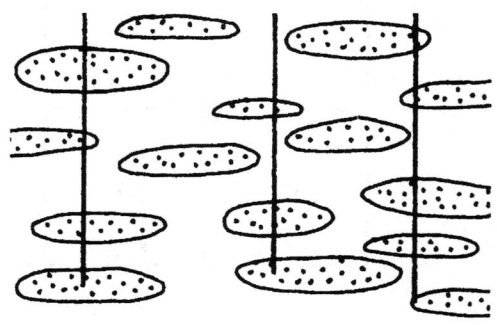

图 9-5 透镜体的开发需要加密钻井

(3) 在二次采油或三次采油过程中,可能多到 50% 的井都要作为注入井。这些注入井可能是油井转注的,也可能是新打的加密井。两种情形下,都要涉及打加密井。

9.2 水上开发

在水上开发中,水深和波浪情况决定了需要采用的设施和作业手段。

9.2.1 浅水域(沼泽和河口)

打井方式与陆地相似,钻机从一个井位移到另一个井位打直井。钻机安装在驳船上,拖到井位后,向驳船内灌水使之坐底(图9-6)。井打完后,令驳船重新浮起,拖到新的井位,留下井口采油树露在水面上。

作业船接着上来,在井口上安装导管架,并用穿过导管架腿的桩插入水底对其进行固定。导管架可以作为码头拴作业船用,还可作为井口维修的平台,并保护井口不受到杂物的撞击(图9-7)。

当水深不足10英尺或12英尺时,可以使用挖泥船挖出一条钻井驳船通过的航道。这种做法适应于极浅水域,甚至适于陆上低洼沼泽地带。

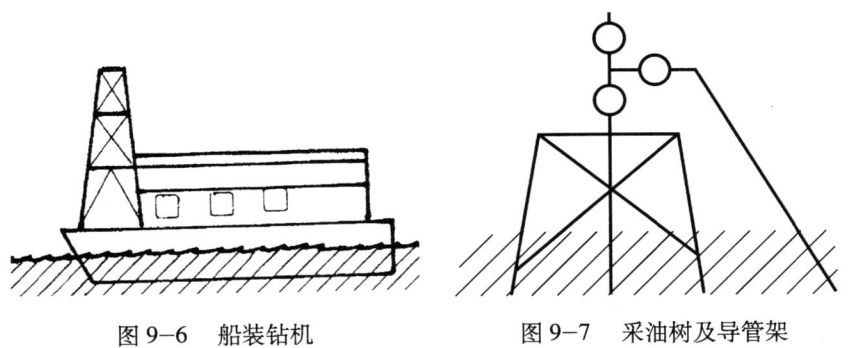

图9-6 船装钻机　　　　图9-7 采油树及导管架

9.2.2 中等水深

当水深达到25～30英尺时,采用自升式钻机来打探井和开发井。这些井是直井。每口井井口都有一个桩固定的导管架,要么在完井后安装,要么在钻井前安装。打井时,钻机在升起的钻台上打井(图9-8)。

图 9-8　自升式钻机打井

9.2.3　较深的水域，一般海况

随着水深的加深，钻井平台成本迅速上升，每个导管架井位打一口直井已经不能满足经济效益的要求，这时就要考虑在一个平台上打多口定向井了。较大的油田会有数个钻井平台。

在此水深下的初探井可以用半潜式钻机或适合于深水作业的自升式钻机来打。初探井通常作为消耗井，测井完后就可以封井放弃。其他消耗井作为评价井用来圈定油藏范围，这样可以定出平台的最佳位置以及制定开发钻井计划。

在此之后，根据水深及水底情况设计制造出相应的多井钻井平台并安装，在平台上安装钻机。所有的钻井设备都放在钻井平台上或采用供应船模式（图 9-9）。供应船由锚固定，要么是船式的要么是半潜式的，其上有值班室、钻井液池、钻井泵、水泥搅拌机、水泥泵、管线及工具间等。有管线连接平台及供应船，用来向平台输送电力、水及钻井液等。

当一口井完钻并完井后，钻机可以滑行到平台上相隔数英尺的另一钻井槽继续打下一口井。在该平台所有井都打完后，钻机被吊装到供应船上拖到下一个平台。

在此过程中有以下两个安全

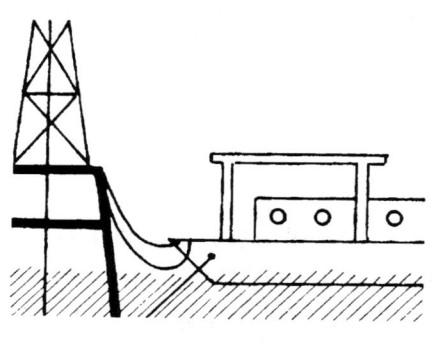

图 9-9　供应船支持式钻机打井

方面的考虑：

（1）是在一个平台上边打井边生产还是为了安全起见，全部井完井后再统一投产。

（2）易燃易爆的处理设施是否应该放在与人员值班房（主要的人员安全隐患）和井口（主要投资）分开的专门的平台上。随着水深的增加，成本压力会越来越要求所有设施都布置在一个平台上。

9.2.4 深水及高风险海域

深水中的油田评价更具风险性。必须有足够的油田规模和产量才能保证造价昂贵的平台经济性。这一点与地面和浅水不同，地面和浅水情况下只要考虑单井的成本就可以了。深水油田必须有相当的规模才可能具有经济性，而对于地面，单口井的油田可能就具有经济性。

在深水中，通常用半潜式钻机钻探井，有时也采用钻井船。

深水钻井通常会采用一个集成式的钻井平台，或者是固定式的或者是浮式的，比如张力腿平台。采用分体式平台来分别安放人员区和设备区等，对于深水钻井来说，成本太高了。举个例子，在北海油田北部，一个固定式钻井平台的成本就在10亿美元以上。

深海区高昂的平台成本促进了水下井口的发展。水下井口在海底泥线以上，由管道汇向附近平台。这种方式对于老油田旁的小油田开发尤为适合。老油田由于产量下降而留出的设备剩余能力正好可以用在新油田的开发上。

9.3 井场准备

9.3.1 陆上

陆地钻井的井场准备比较简单，首先推平地面，建立排污系统，在地面铺上碎石等。在沼泽地区，可能需要修建高出地面的平台，并用板子铺出一条路来。不过，总体讲，成本也不十分高。

9.3.2 浅水区

在浅水区，比如河口地带，作业要困难和贵得多。通常采用以下三种方案：

（1）采用挖出的河底沉积物来堆高钻井井位到水面以上。

（2）采用木质或钢制桩基平台。安装时，采用打桩机将桩打入泥面以下，一直到打不动为止。桩上的载荷是由桩及周围泥土的摩擦力来承载的（图 9-10）。

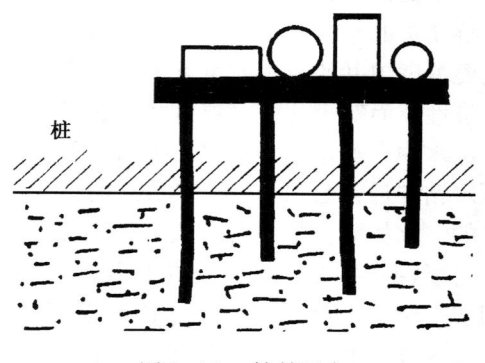

图 9-10　桩基平台

（3）地面设备在制造完成后，装在混凝土驳船内，拖到预定地点后，通过灌注使驳船坐底（图 9-11）。

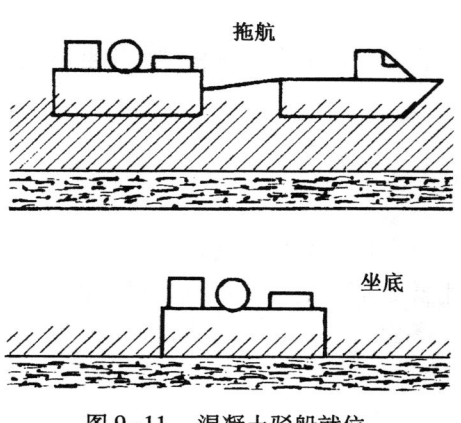

图 9-11　混凝土驳船就位

9.3.3 海上钻井

（1）底部支持钢平台：在深水环境下可以采用底部支持钢平台来提供工作平台。钢平台由两部分构成，即导管架和顶部甲板。其安装步骤如下：

①将导管架装上驳船，并拖航至打井地点（图9-12，Ⅰ）。

②驳船部分灌水，开始安放导管架。通过向导管架部分仓内注入水使其在水面水平漂浮（图9-12，Ⅱ）。

③通过向其余仓内注水使导管架竖过来并坐底（图9-12，Ⅲ）。

④向导管架大腿内打桩，深入海底。然后吊装甲板，安放在导管架上面（图9-12，Ⅳ）。

⑤将设备模块安装在甲板上。

（2）混凝土重力平台：此种平台在挪威所属北海有广泛的应用。这种平台在地面建造，用漂浮的方式拖至预定地点后注水坐底（图9-13）。此种平台主要以重力固定，有些在底部也有一些裙桩。

固定平台，不论是钢平台还是混凝土平台，在油田开发结束后都要回收，其回收成本可能会是很高的。

（3）浮式平台：随着海水的加深，导管架平台渐渐就不适应了，这时会逐渐采用浮式平台。最常见的浮式平台有张力腿平台。张力腿

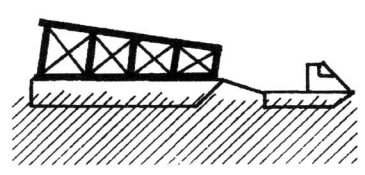
Ⅰ

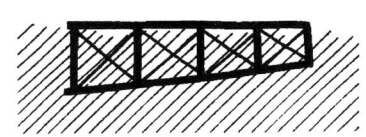
Ⅱ

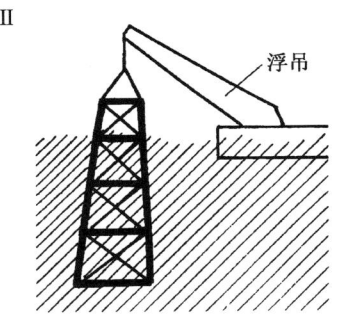
Ⅲ

Ⅳ

图9-12 导管架平台的拖航及安装

平台由钢管柱系泊在海底桩固定底盘上。张紧系泊管柱可以使张力腿平台在大风浪中保持稳定（图9-14）。

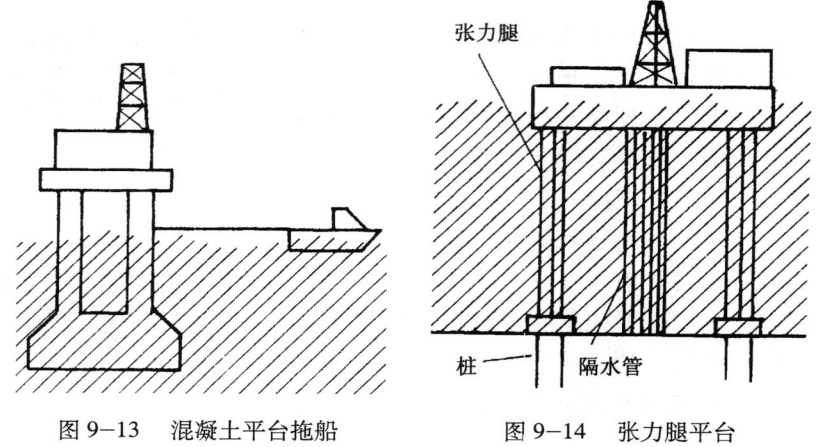

图9-13 混凝土平台拖船　　　　图9-14 张力腿平台

浮柱平台由一个系泊在海底的浮柱构成。此种结构很好地限制了平台随海面上下运动，适合于特深海生产及钻井使用（图9-15）。

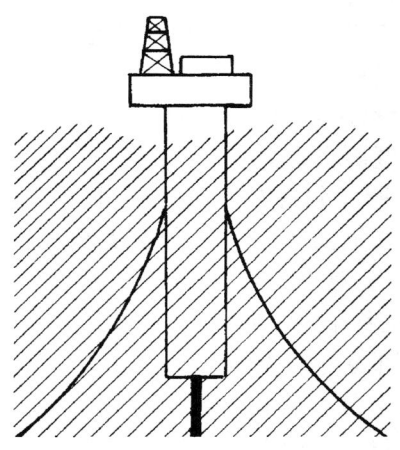

图9-15 单浮柱平台

浮式生产储油轮将生产油轮暂时系泊在生产地点来代替固定的生产平台，这种方式正在被越来越广泛地采用。这种浮式生产储油轮为船形或半潜式，与海底管汇相连。这种生产系统的优势是造价低、投产周期短。在油田开发结束后，可以方便地转移。

9.4 修　井

一口油井在生产了一段时间后，很有可能需要进行井下作业或叫修井作业。

9.4.1 修井设备

陆上作业的井下作业设备多是车载的，海上则是撬装的。对于浅水区，作业设备经常由自升式驳船装载。井下作业设备分为以下几种：

（1）钢丝绳作业设备。单股钢丝绳用来维护气举阀、油嘴及滑套等，并用来进行油管刮蜡作业。钢丝绳作业为带压作业，要采用防喷管。

（2）电缆作业。电缆作业用于测井、射孔及坐封封隔器等。此种作业为带压油管作业或在压井条件下套管内作业。

（3）连续油管作业。采用小直径连续油管（$\frac{3}{4} \sim 1\frac{1}{2}$英寸）作业，油管连续地从油管盘放出，或过油管或过套管下入。用于清砂、注水泥等，特别适合于水平井段作业。

（4）作业机。作业机的工作对象是2英寸或$2\frac{1}{2}$英寸外径的油管。作业机的绞车比钻井用的要小，通常以双根油管立根形式吊升。可以采用钻台及钻井液反循环系统来钻水泥塞及杂物或用来进行加深井眼作业。作业时，采油树要移走，因此需要压井。作业机除了可以用来承担起下油管及抽油杆的作业外，还可以用来进行其他大修作业。

（5）常规钻机。一些深水平台上，打完井后，钻机留在平台上作为修井设备使用。

9.4.2 作业类别

（1）上返到新层。一口油井可能钻遇几个产层。在这种情况下，通常会先开采最底部的油层。在底部油层采得差不多后，可以注灰上返至上部油层（图9-16）。陆上此种作业的程序为：

①采用盐水压井。

②通井机就位，卸下采油树，起油管。

③电缆下入挡水泥封隔器到老油层上方。

④下入油管与挡水泥封隔器连接，向老油层挤注水泥到起压。

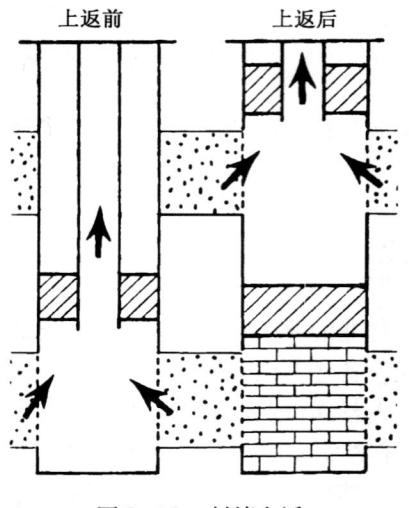

图9-16 封堵上返

⑤起油管,与挡水泥封隔器分离。封隔器上的活瓣可以防止水泥回流。

⑥反洗井,清理油管内残留水泥。

⑦起出油管后,电缆下入射孔枪,射开上部油层。

⑧根据需要进行压裂、酸化或砾石充填。然后下油管,安装井口并投产。为了清空压井液,可以向油管内下入连续油管注入液氮。

重新上增产措施。老油层可能需要重新进行压裂或酸化。

(2) 加深到新层。封堵射孔段,向下钻穿新层,下入尾管并固井。

(3) 套管堵漏。在套漏下方下入桥塞,上方用油管封隔器封堵,挤水泥堵漏。另一种手段是使用贴补衬管。这种衬管比套管直径小,分为两种,一种两头有封隔器;一种通过膨胀对套漏进行密封。

(4) 更换井下装置。比如更换漏失的油管、检泵、更换气举阀或封隔器等。

10 人工举升

10.1 自喷

新油藏上打的井通常具有自喷能力。油藏压力提供了足够的动力使油藏流体水平流入井筒后,沿井筒上升并在地面设备里流动。

10.1.1 自喷井

油藏压力通常等于从地面到油藏的盐水柱压力。其压力梯度通常为 0.5 psi/英尺(见"油藏压力",第 2 章)。图 10-1 展示了这一压力导致自喷的原因。

图 10-1 左边是一个充满流体的 U 形玻璃管。U 形管的底部和左部 AB 充满的都是盐水。其右部的竖直段装的是油。由于在 B 点和 C 点,

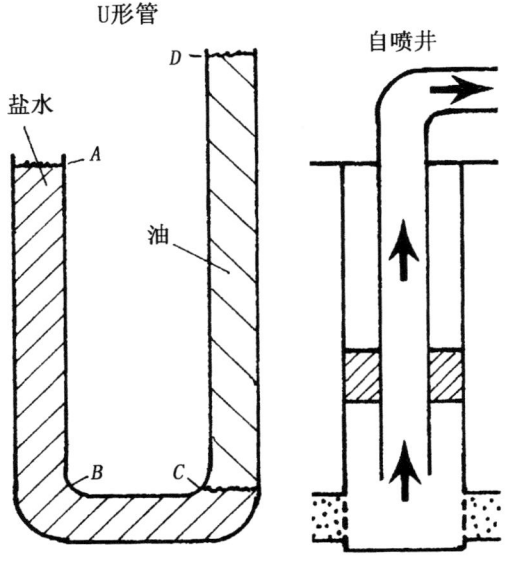

图 10-1　U 形管及自喷井

压力相同,因此液柱 CD 与 AB 的压力相同。不过,由于密度较小的原因,油柱要高些。

上述的 U 形管模型可以解释油井自喷的原因(图 10-1)。如同 U 形管一样,油藏压力为从地面到油藏的盐水柱高度。这一压力能够支持的油柱高度可以超越地面。

(1) 如果油管上部是敞开的,油会从井中喷出;
(2) 如果油管在采油树处是封闭的,那么会有很高的油压;
(3) 如果打开下游管线,油井会自喷生产。

自喷井生产必须克服以下几个阻力(图 10-2)。

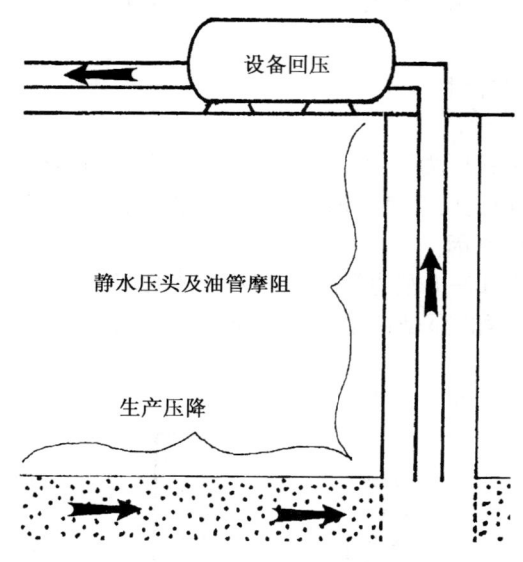

图 10-2 自喷井阻力

(1) 油藏阻力。油藏流体从油藏流到井筒要有一个压力降。压力降随流体流量和黏度的增加而增加。
(2) 静压头。还必须克服井筒中的液柱压力。
(3) 油管摩擦阻力。在产量较高的情况下,流体经过油管会有很大的摩擦阻力损失,这种情况在深气井中尤其明显。
(4) 地面回压。油井还要克服地面设备的回压。在油田,油流经过的第一个地面容器通常是油气分离器,其压力可达 100~200 psi。克服分离器压力后流体被输送到处理系统。气藏的地面回压更大。

10.1.2 油井停喷的原因

如果油井敞开生产,当地层压力与上述的四项阻力之和相平衡时,流量将保持稳定。

随着生产的进行,油藏压力下降。而此时,油藏内流动阻力及油管内压力使压力进一步下降,导致产量下降。

当油藏压力下降到等于井筒液柱静压力与地面回压之和时,就不能再克服摩擦阻力流动了,因此产量降为零。油井自此停喷,开始需要采用人工举升方法。

10.1.3 溶解气产生的作用

在油沿管柱向上流动的过程中,其中的溶解气释放出来,形成气泡,与油流一起向上流动。在气泡向地面上升的过程中,压力降低,气泡体积增大。气泡对于油流的作用有两点:

(1) 膨胀的气泡代替了密度较大的原油位置,使液柱的压力下降,由此导致流量加大。

(2) 向上运动的气泡起到了活塞效应,推动油流向上。

溶解气量越大,则助排作用越大。因此,组分较轻的原油比较重的原油生产时间长,对油藏进行压力衰竭的程度高。

10.1.4 产出水产生的作用

由于原油中的含水密度较大,其存在会导致井筒中的液柱静压头增加,产量下降。

如果产出的全部为地层水,则相当于图 10-1 中的 U 形管两边全是盐水,这时液面上升到地面处便不能再流动了。

取决于油藏的含水饱和度及相对渗透率,新开发油藏中的新井可能会产出含水原油。这种井有没有自喷能力,要取决于含水。一开始有自喷能力的油井可能会因水侵,含水上升而停喷。

10.1.5 气井

即便与最轻的原油相比,天然气的密度也是非常小的,其在井筒中的静水压头也很小。因此气藏可以一直生产到压力与分离器压力平衡。

10.1.6 总结

油井是否有自喷能力,能自喷多久,取决于油藏压力、油品的挥发性及含水率。

10.2 有杆泵抽油

10.2.1 组成部件

有杆泵抽油系统如图 10-3 所示。
(1) 原动机。
原动机为深井泵提供动力。如果有电力供应,电动机是最方便的原动机。也可以采用现场天然气供能的原动机。原动机的动力通过皮带传递到抽油机。
(2) 游梁式抽油机。
该种抽油机可以将原动机的旋转运动转换为抽油杆的上下往复运动。游梁式抽油机应用最为广泛,其运行过程为:
①原动机带动皮带,皮带带动减速器中的齿轮。
②齿轮带动游梁后部上下运动。
③游梁绕支点带动驴头上下运动。
④驴头带动抽油杆做上下往复运动。
平衡块通过平均分配动力以提高效率。在下冲程过程中,抽油杆提升平衡块;在上冲程过程中,平衡块帮助提升抽油杆柱及液柱。
(3) 抽油杆柱。
抽油杆柱在油管内下入,底部连接抽油泵柱塞。抽油杆带动柱塞在泵筒内上下往复运动,将流体泵入油管。

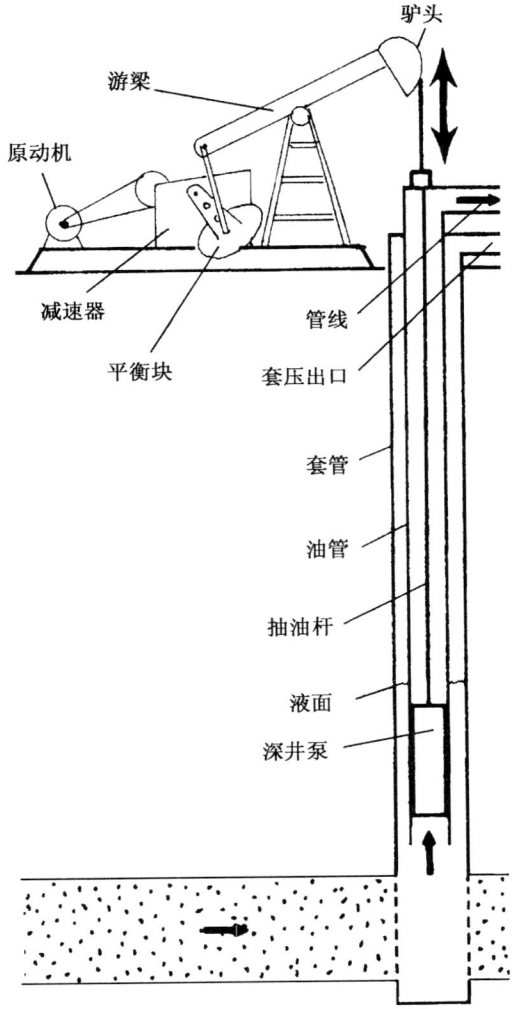

图 10-3 有杆泵抽油系统

抽油杆长度为 25 英尺或 30 英尺，直径 $\frac{1}{2} \sim 1\frac{1}{8}$ 英寸，两端有带螺纹的接头。抽油杆一般是钢制的，在腐蚀环境下也有采用玻璃钢制的。

（4）深井泵。

深井泵有很多类型，大多装在抽油杆底部下入油管，并卡在固定位置。

如图 10-4 所示，深井泵由柱塞、泵筒、固定阀和游动阀组成。柱塞与泵筒间密封。

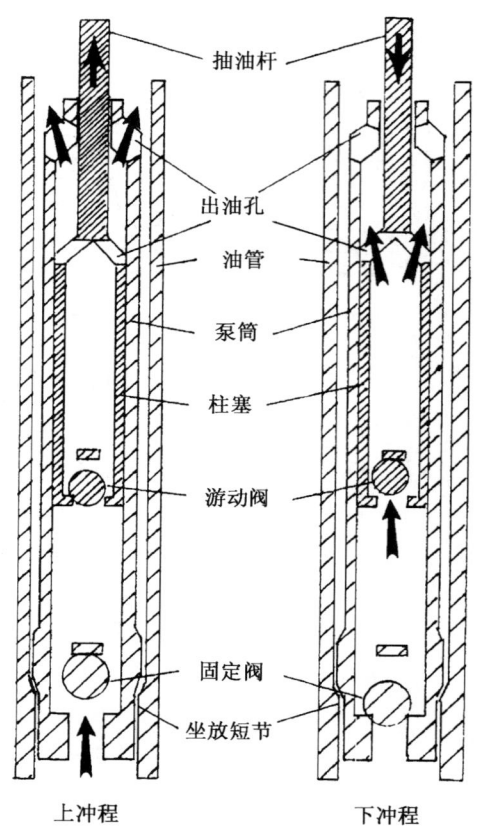

图 10-4 深井泵

当抽油杆向上提升柱塞时,游动阀关闭。柱塞上升时,将上部流体排替到油管中,油管中的流体流出到地面管线中。上升的柱塞同时还导致固定阀在地层流体压力下打开,地层流体再次注入泵筒。

柱塞向下时,游动阀打开,柱塞自由沉降,固定阀关闭,防止流体流出泵筒。

10.2.2 排液速度

地层压力会由于衰竭或注入而发生变化,这一变化会导致注入井筒中流量的变化。因此,应该定期地调整油井排液速度。

(1) 环空生产液面:当深井泵能够全部采出流入井筒中的原油时,

环空液面会保持在接近泵的入口位置。一般希望保持在这种抽空状态，因为这样采油速度最大。

如果抽汲的速度跟不上地层流体进入井筒的速度，生产液面则会上升。因此需要定期用回声仪器测定环空液面。如果液面过高，则需要加大排液速度。

(2) 液面撞击：抽汲速度也不应大于流体注入速度。如果在上冲程中，泵筒不能完全充满，则在下冲程时，柱塞会重重地拍击在泵筒中的液面上。这样产生的冲击会损坏阀和抽油杆。

(3) 调整排液速度：为了降低液面或避免液面撞击，可以采用以下调整方法：

①通过更换减速器皮带轮来调冲次。

②改变连杆与曲柄的连接位置来调冲程。

③改变泵的直径。

④如果原动机采用的是电动机，则可以安装时间控制器来定时开关井，以达到最好效果。

(4) 抽空控制器：以上方法可以暂时解决一些问题，不过随着油藏压力的持续下降或开始三次采油，就需要抽空控制器来进行自动调整了。

抽空控制器可以探测到液面撞击带来的冲击波，并在造成破坏前切断抽油机电源。15分钟后，重新启动抽油机，并在抽空时断电。如此进行下去。

10.2.3 深井泵中的天然气

生产油流中的自由气对泵效的影响很大。在下冲程时，泵筒中的自由气会在原地压缩，而不是冲开游动阀进入油管。

这种气锁现象常常可以通过将泵下到射孔段以下来解决。这样可以利用到环空中的油气分离，气体沿环空向上运动。另一种方法是在油管上装一个气锚，在气锚处进行油气分离，并把气排到环空中。

10.2.4 应用

深井泵非常可靠并且很少需要检泵。因此，这种泵是陆上采油最常用的。不过在海上不用这种泵，因为其重量和体积太大。同时，受限于其深度适用范围及排液范围，在一些陆上场合也要采用其他类型的抽油泵。

10.3 气 举

在气举操作中，向环空注入高压气体并进入油管，通过降低油管内液柱压力及气泡的活塞效应加速原油的向上流动。在气举项目的整个过程中都需要有供应气源。所以大多气举项目都会涉及高气油比的油井生产。除了一个压缩机用来压缩气体到注入压力以外，地面设备很简单。因为这一优势，气举在海上生产中占有优势地位。

10.3.1 气举操作

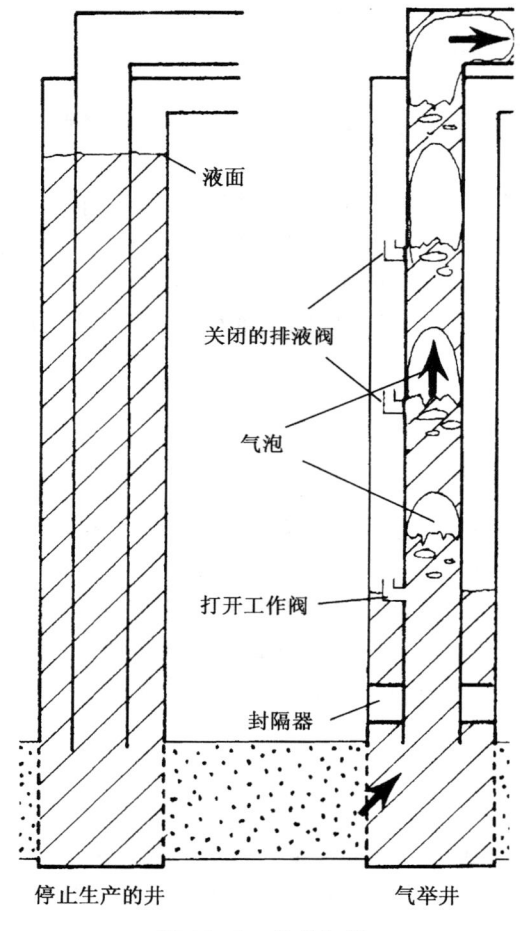

如图 10-5 所示，左侧的油井由于地层压力不足以支持井筒液柱压力而导致了该井停喷。右侧的井已经装好封隔器和气举阀准备实施气举作业。

（1）高压气体注入油套环空，压下环空液面，迫使井筒流体从顶部排液阀进入油管。

（2）当高压气体到达顶部排液阀位置时，气体从该排液阀进入油管开始排空。

（3）环空液面继续下降，直到气体进入到第二个排液阀；顶部排液阀关闭，油井开始仅从第二个排液阀排空。

（4）液面下降到工作阀时，所有上部排液阀关闭（排液阀的个数一般比图示的两个要多），由此

图 10-5 连续气举

进入连续稳定气举。

(5) 注入的气体呈子弹形成串向上运动,在此过程中持续膨胀。

10.3.2 气举阀的安装

气举阀安装在与油管连接一体的中心管中。中心管有两种(图10-6):

(1) 常规的气举阀是固定在中心管上的,与油管一同起出或下入,如图10-6(a)所示。

(2) 侧置式中心管可以安装可回收的气举阀。这种中心管下好后,可以用投绳的方式下入气举阀。侧置的气举阀座为过油管操作留出了足够的作业管径空间,如图10-6(b)所示。

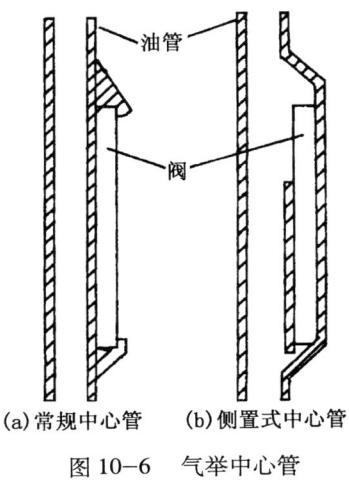

图10-6 气举中心管

10.3.3 其他气举方式

除了以上所讲的油管举升气举外,气举还有以下几种方式:

(1) 对于低产井,通常采用间歇气举。地面供气管线接上按特定时间开启的间歇阀门,对油井进行间歇气举。

(2) 对于双油管完井的井可以实行双油管同时气举,不过这一工艺较难控制。

(3) 对于高产井,采用环空采油方式。气体从油管进入环空进行气举。

10.3.4 应用

气举对于高气液比及出砂井较合适。气举不受井斜影响,且适合于深井,并且气举还有设备简单便宜的优点。

气举的缺点在于需要不断进行调整,并且能耗较大。因此,气举只在其他方式不适用的情况下被采用,比如在海上条件下。

10.4 电潜泵

电潜泵是一种以电动机提供动力的多级离心泵（图10-7）。电潜泵在油管下安装下入，电缆固定在油管外壁上。电潜泵大量应用于高液量浅井的生产。

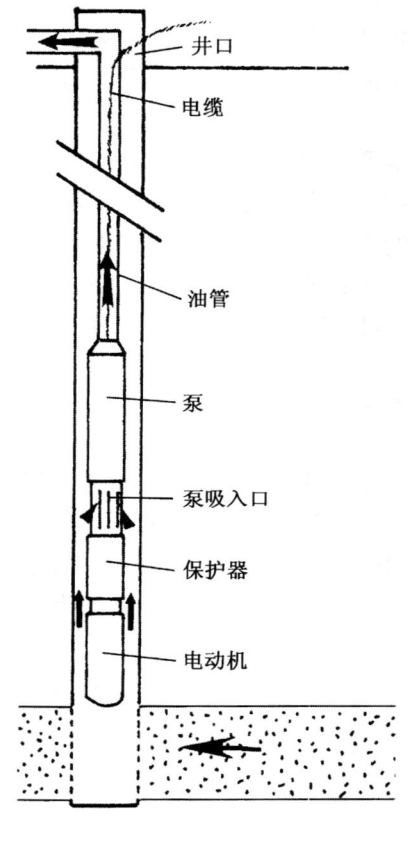

图10-7 电潜泵

10.4.1 组成部分

（1）电潜泵的电动机为三相笼式异步电机，转速为每分钟2800～3500转，外形为柱形，以适用于井筒形状。

（2）保护器将井下液体与电动机绝缘油隔离开，防止井液进入电动机。

（3）泵的入口处有气锚，可以将气排入环空，而不使之入泵。泵有多级，由转子叶片和定子叶片组成，联合工作。

（4）铠装电缆绝缘很好。在起下油管时要特别注意不要碰伤电缆。

（5）井口很小，重量轻，故适于海上采用。

10.4.2 应用

电潜泵是一种复杂、高效、昂贵的设备。因此它主要适用于高液量井特别是水驱高含水井。

10.5 其他举升系统

抽油杆泵、气举及电潜泵在人工举升石油生产中占主导地位。以下是几种不经常采用的举升系统。

10.5.1 动力油系统

（1）水力泵。这套系统通过一个专门的油管柱向井下泵入高压油，驱动一个井下活塞泵来抽汲原油，采出的原油及动力油都从油管返回。

（2）射流泵。使动力油流过一个孔道来提供对原油的举升力。

（3）活塞举升。通过动力油将活塞及其所载原油举升至地面的一种举升系统。

10.5.2 螺杆泵

螺杆泵由螺杆转子和内衬弹性衬里的定子组成。转子由油管中旋转的抽油杆驱动，抽油杆由地面电动机驱动。

螺杆泵采油是螺杆泵技术的一种较新的应用。此外，它还用于螺杆泵钻井。这种泵适用于含砂原油的开采。

11 地面设备

地面设备用来处理流出井口的流体，具体功能包括：
(1) 油、气、水及轻烃的分离；
(2) 油、气、水的计量；
(3) 油、气、水的存储及处理。

井下设备与油藏条件密切相关，因此需要油藏有关人员来参与设计。而对于地面设备，与油藏的密切程度大为降低，需要由机械、土木及管道工程人员来设计。

与生产流水线那种固定的生产速度不同的是，对于油井，随着油藏的开发和能量衰竭，流量是不断变化的。这对于地面设备的配备提出了挑战。

11.1 各种地面设备

原油地面设施中大量的管线、容器及大罐等令人眼花缭乱，为了更好地认识，可以将其分成若干种。

11.1.1 压力容器

我们所见的大量地面圆柱状压力容器实际上相当于一段放大的地面管线。这放大的部分使得流体流速降下来，以有足够时间进行重力分异。重力分异是油、气、水分离的基本机理。

11.1.2 泵

泵用来给流体加压以提供流体流经管线所需的压力。油田中常用的泵有两种：
(1) 离心泵：叶轮在泵壳内高速旋转，流体从叶轮中心入泵，然后被高速旋转的叶片甩出，形成泵的排出压力（图11-1）。

离心泵最适用于高液量、低压力的场合。一般情况下，离心泵很少出故障。如果下游阀门不小心关闭了，也不会造成事故。

原油生产中通常采用电动机驱动的单级离心泵来在地面设备间输油，而由柴油机或燃气轮机驱动的多级离心泵则用来进行干线输油。

（2）往复泵：其通过活塞在液缸中的往复运动来驱动流体。往复泵通过齿轮箱将旋转运动转换为往复运动。原动机通常为采用天然气或柴油作燃料的内燃机（图 11-2）。

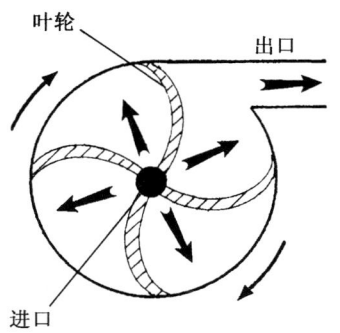

图 11-1　离心泵

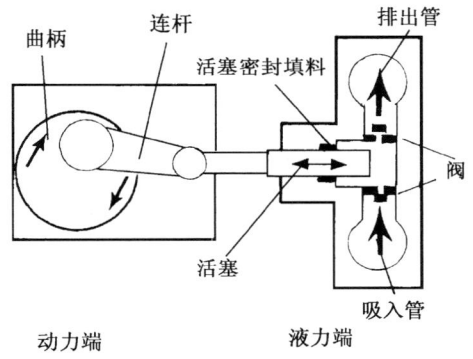

图 11-2　往复泵

皮带轮带动曲柄旋转，连杆将往复运动传递给活塞。如图 11-2 所示，活塞正处于排出冲程，吸入阀处于关闭状态，排出阀处于打开状态。

往复泵适用于高压及中、低流量的场合，比如注水。往复泵由于比离心泵复杂，故需要更多的维护。往复泵有单缸、三缸或五缸的，这些缸中的活塞冲程相互错开以使负荷平衡。

11.1.3　压缩机

压缩机用于对气体加压。

油田常用的压缩机用来将低压流体加压进入管线。这种压缩机通常采用大活塞以达到大的压缩比，压缩比可以达到 10∶1，也就是压缩气体到原体积的十分之一。这些压缩机通常为多级的。压缩机与燃气原动机联成一体。

离心式压缩机在生产中并不常用,而是用于管线增压,这利用了其高排量的特点。

11.1.4 油罐

油罐用来对油和水进行存储或重力分异。储罐通常不是压力容器,但一般保持小的天然气压力以排除空气。

管线用来提供油流通道。其材质主要包括三种:
(1) 最常见的是钢管,管间采用焊接或螺纹连接。
(2) 在低压腐蚀性环境下使用塑料管线。
(3) 在高压腐蚀性情况下,可以使用环氧玻璃纤维管,不过价格较高。

管件包括:
(1) 接箍、法兰及焊接接头(图 11-3)。
(2) 弯头用来改变管道方向,三通用来将三条管道连接在一起(图 11-4)。

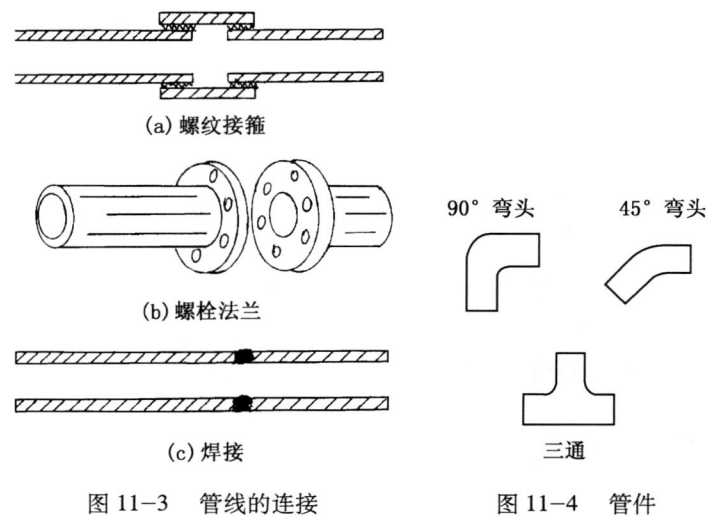

图 11-3 管线的连接　　图 11-4 管件

11.1.5 阀门

地面设备中采用数种阀门。按功能可分为截止阀或控制阀。以下为几种常用的阀：

（1）碟阀是一种适用于低压、一般工况的截止阀。阀中有一碟形阀板，通过90°的旋转来实现阀门的开关。

（2）球阀用于压力较高的场合。通过一个中间有通道的球实现流体通过。旋转90°后，通道被密封，实现截止。

（3）单流阀有一个铰接挡板可以允许流体从一个方向通过，另一方向的流体则会被挡住。

（4）闸阀是最常用的阀。通过闸板的上下位置调节来调节流量。

11.1.6 油气计量

（1）油气计量的功能。

①油气销售需要最精确的计量。

②日常生产计量对于精度的要求不是特别高。比如对单井进行的日常生产计量及污水处理计量等。

③过程监督计量可以跟踪流量变化并发出警报或进行自动调节。

（2）油气计量的设备。

容积式流量计多用于原油销售的场合。一种容积式流量计的原理如图11-5所示，滑动的叶片可以形成相当准确的容积计量室。其他种类的叶片形或桨形容积式流量计没有这么精确，不过对于销售领域之外的场合却是足够精确的。

涡轮流量计正在被越来越广泛地采用，特别是对于大流量的场合。流体冲击涡轮叶片使其旋转，旋转速度与流速成比例。

油气（井）计量还常采用压力容器中的重力式流量计。流体注入一个计量杯，在达到一定量后，计量杯泄油阀打开泄油。

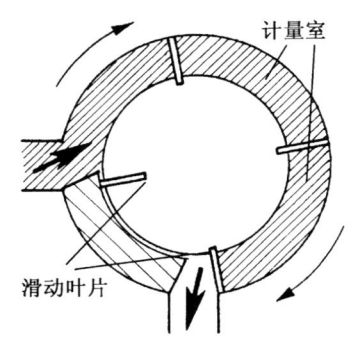

图11-5 容积式流量计

11.1.7 天然气计量

油田天然气计量通常采用孔板流量计（图11-6）。不过对于大流量的场合也采用涡轮式流量计。孔板流量计的计量步骤如下：

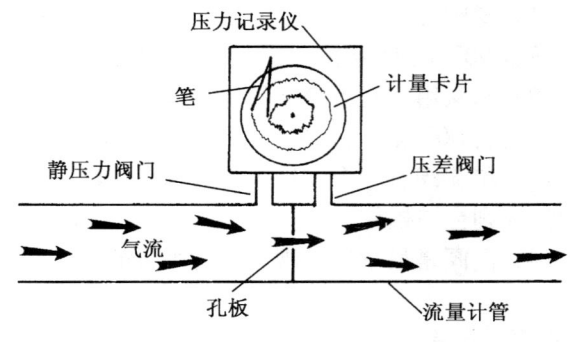

图11-6 孔板流量计

（1）气体通过一个光滑直管道以消除紊流。
（2）气流通过孔板孔眼。
（3）通过孔板两边的阀门测量孔板上游的压力及过孔板的压差。
（4）压力通过笔在旋转的圆形卡片上记录或进行电子数字记录。
（5）通过以下数据计算气体流量：
①静压及压差；
②定期的气体密度测量；
③孔眼及流量计直径。

管输天然气受到变化的压力及温度的影响，密度会不断发生变化，因此不能像原油那样可以通过容积式流量计进行精确计量。孔板流量计在维护良好的情况下计量结果尚可，维护不好则会导致计量出现严重偏差。其经常出现的问题有：

（1）孔眼周缘磨损会导致计量结果偏低。
（2）如果有液体不慎进入气流，液体打击孔板，会造成孔板变形，从而导致计量结果偏低。
（3）孔板前的烃类杂物堆积会使计量读数偏低。

以上三种情况都利于天然气的买方而对卖方不利。在美国及其他不少地区，销售用流量计是由买方拥有并维护的。显然，卖方必须仔细监督流量计的性能及维护以保护自身利益。

11.2 设备系统

地面处理设施的一个基本功能是对油、气、水进行分离及处理。分离主要依靠重力分异原理，容器的最上方为气，最下部为水，气和水提出后，只剩下中间部分的原油。高密度、低黏度的油较容易从水中分离出来，而低密度、高黏度的原油则易与水形成乳化液，导致分离困难。

11.2.1 管线

原油通过管线从井口流入到处理站。原油在管线中流动的动力来自于井口，或者为自然压力或者为人工举升提供的能量。

在陆地上，可能会有 50 口井共用一个处理站。管线由小直径的、焊接或螺纹连接的钢管组成，埋设在地下或铺设于地面。在低压条件下也有用塑料管的。管线从四面八方汇入，有些可能有 1 英里长。

浅水区的直井及处理站系统也采用陆上的模式。管线可以铺设在水底或埋设以防止被船只的锚挂到。

对于深水定向井平台，管线可能只有几英尺长，从井口通到甲板。

11.2.2 阀组

无论是陆上开采还是海上开采，单井来的原油首先都要经过处理站阀组。这些阀组有两个不同功能的汇管，一个为外输汇管，一个为计量汇管（图 11-7）。计量时，一口井的产量被导入计量汇管，其他井的产量进入外输汇管。

11.2.3 油气分离器

油气进入处理站后，经过的第一个压力容器是油气分离器，通常简称为"分离器"。分离器的作用是将自由气分离出来。由于气体所占的空间大，会使原油管输能力大受影响。大多数分离器是两相的，即气液分离（图 11-8）。对于易从水中分离的高密度原油，有时也采用油、气、水三相分离器。

对于流量较小的情形，使用立式分离器；对于流量大，气油比高的

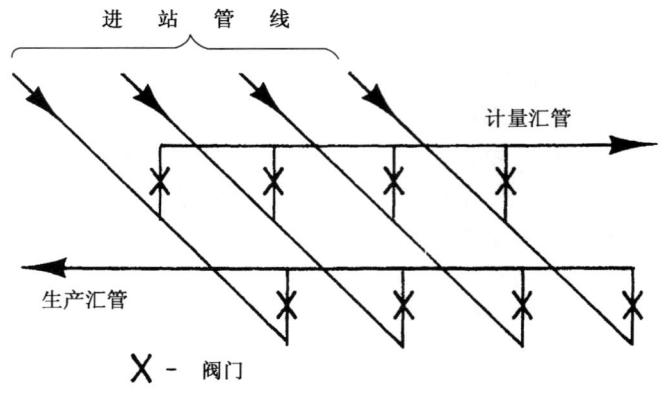

图 11-7 阀组

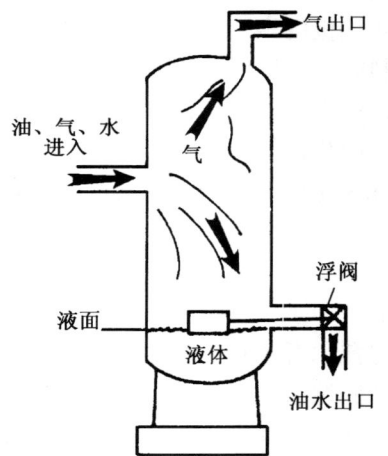

图 11-8 立式两相分离器

情形，一般采用卧式分离器。

分离器内进行的分离过程如下：

(1) 油、气、水从分离器中部进入。

(2) 天然气由于轻的缘故，向上由分离器气管线排出分离器。

(3) 液体流向分离器底部并聚集。当液面高度达到预定值时，排出阀打开；液面下降到一定高度时，阀门关闭。

11.2.4 自由水脱水沉降罐

对于含水较高的原油，在出分离器后，会进入到自由水脱水沉降罐中。

脱水沉降罐是一种大型的压力容器，通常为卧式。该装置可以使油水混合物在一段时间的静止沉降后，借助重力分异作用，实现原油的初步脱水。沉降出来的水由底部阀门放空，气体从顶部收集（图11-9）。

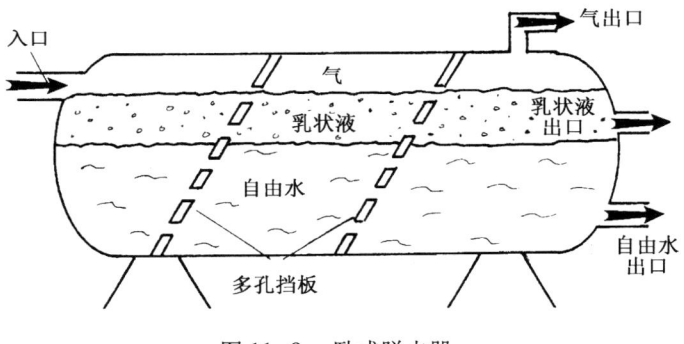

图 11-9　卧式脱水器

11.2.5 破乳设施

乳状液是两种互不相溶的液体中的一种以小液滴的形式分散在另一种液体中形成的混合物。油田乳状液通常为稳定的油包水乳状液（水分散在油中）。

在原油的销售中，只允许原油中存在少许的水及机械杂质。破乳以对原油进行脱水，因此就成为了一个重要的任务。对于因黏度较大，更易形成乳状液的陆上石油尤为如此。寒冷天气更易形成乳状液，因为这种情况下原油的黏度会增大。

油田破乳可由以下方法实现：

（1）加热。加热可以降低原油黏度，使乳状液中的小水滴聚合成为大水滴。这两种效应可以促使水沉降到罐底。

（2）加入表面活性剂破乳。表面活性剂可以降低油水界面张力，促进水滴聚集。

（3）加电压。加上电压后，水滴带电，可加速聚合。

(4) 沉降。大的沉降罐可以使油水混合物有足够的时间进行沉降分离。

为防止对罐中的液体产生扰动，进入到沉降罐中的液体要先经过一个水槽。沉降分离出来的原油通过沉降罐上方的出口流入原油储罐，而分离出来的污水则从下方放出。进入沉降罐中的原油根据乳状液的稳定程度可能事先加热或不加热（图11-10）。

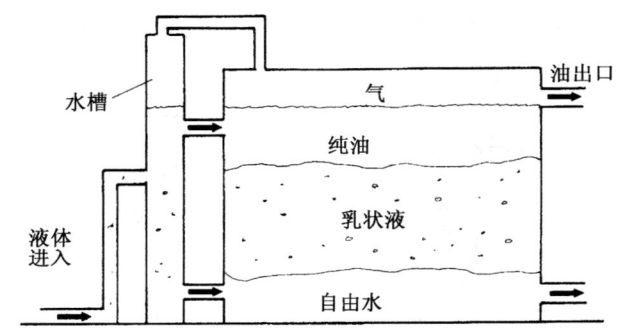

图11-10　有水槽的沉降罐

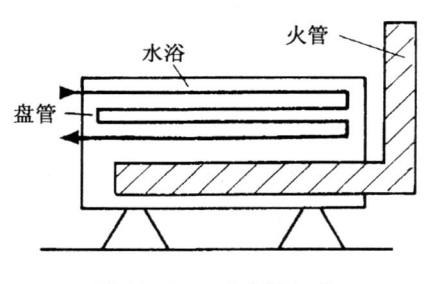

图11-11　水套炉加热

(5) 间接加热。原油在进入沉降罐前可能要经过间接加热。加热的方式是原油流经水套炉盘管并由以天然气作燃料的火管加热（图11-11）。这种间接加热的方式可以防止结焦及盘管烧坏。

其他原油处理容器还有：

(1) 加热及油、气、水分离二合一处理器。这一装置成本低，适用于低产边际油田，可为立式或卧式。

(2) 静电脱水装置，利用高压交变电流在卧式容器脱水，常装有火管。

(3) 脱盐装置通过淡水洗涤去除原油中的盐粒。原油的含盐一般不会造成问题，中东的一些地区除外。

(4) 段塞流捕集器。段塞流捕集器是一种超大体积的两相分离器。这种分离器不同于一般的分离器，并非单圆柱形，因为这样大的圆柱形容器不能承受足够的工作压力。段塞流捕集器是由一些相互连通的管道组合而成的，这样就获得了足够的容积。其铺开的面积很大，并且经常是部分掩埋的。

11.2.6 自动交接销售

大多数原油通过自动交接销售系统（ACT）完成销售。

（1）当储罐中的原油液面上升到一定高度时，ACT 泵就会从罐底开始向外泵出原油。

（2）电容探头伸入油流以测含水及固体含量。如果含水超标（上限通常为1%），阀门自动将油流导回到处理流程。

（3）如果含水及机械杂质达标，则采用一种特别精确的容积流量计对原油进行计量。该种流量计可以针对温度变化产生的热胀冷缩进行自动调节以保障测量的精度。该流量计还能自动打印出量油记录。

（4）每隔几秒钟，自动取样装置就会对油流进行自动取样，取出来的油样放入密闭容器。

（5）计量完成，原油进入买方指定的管线或油轮。

（6）买卖双方周期性地在 ACT 设施前碰头，对收集的油样进行化验，通常为一周。

油样经过彻底混合，装入试管，在离心机内进行油水分离以确定含水。在付款前要将含水部分扣除。油样的另一些部分用密度计测 API 重度。

测量后的原油含水及密度被双方记录在量油记录中，量油记录此时已有了容积数据。此后该量油记录将作为支付的依据。

（7）每隔数月，要进行流量计校正。过程是用一个精确标定过的流量计与要校验的流量计串联起来进行计量，用计量结果计算出流量器校正系数。

概括起来，自动交接销售需要体积、温度、含水及机械杂质含量和重度等数据。

11.2.7 天然气回收装置

天然气回收装置在原油流程中对从存储容器内释放出来的天然气进行进一步回收。回收的天然气进入天然气销售管线。这样一来既节约了天然气资源，又防止了燃烧多余的天然气对环境造成污染。

气井,特别是干气井,井口压力很高,基本等同于气藏压力。天然气井口压力通过井口采油树油嘴大大降低后,进入管线。

(1) 油嘴的作用。由于气藏中有地层水,从井口出来的气含有很多水汽。比如在 120 ℉ 和 4000 psi 的条件下,每百万立方英尺天然气中含有大约 60 磅的水。井口的天然气经过油嘴,压力下降并膨胀降温,携水气能力下降,水凝结出来。

这一过油嘴冷却过程也使得天然气中的一些轻烃组分随水一起冷凝出来。对于凝析组分较少的气井,这一部分冷凝出来的轻烃也叫井口凝析汽油。

降温程度太高可能会导致结冰并堵塞油嘴。即使温度不至于降到这么低,也有可能在油嘴下游形成令管道堵塞的天然气水合物。天然气水合物看上去像是冰雪的样子,不过形成温度比冰点高。

(2) 冰及水合物的消除。高压气井通常都连接有高压管线,管线内流体通过水套炉加热,以防管线内形成冰或天然气水合物。

如果管线中出现了水合物,则要尽快消除。因此分离器中往往要有加热功能。

情况不严重的情况下,可以向气流中加入液体抑制剂以防止水合物生成。甲醇和三甘醇可以有效地降低天然气水合物形成温度,从而抑制其形成。

(3) 脱水。脱水可以彻底解决冰及水合物的问题,同时还可以防止管线中有水生成,影响流动。油田内部流程也许不需要完全脱水,不过对于引起降温的天然气长距离输运,则有必要进行完全脱水。

脱水有以下两种常见方式:

①三甘醇脱水。天然气以气泡形式在接触塔中通过三甘醇液体,三甘醇吸收天然气中的水分,并通过蒸馏再生。这种脱水设备因其小巧,适用于海上生产。

②固体干燥剂脱水。使天然气通过固体干燥剂向上流动脱水。两个干燥塔轮流工作,其中一个进行干燥作业时,另一个可以通过热空气再生。

11.2.8 管线

管线为油气提供流动通道,由大直径钢管焊接而成。大多数管线表面都有保护层以防止腐蚀或刮伤。陆上管线是埋设的,浅水环境下的管线也是埋设的。不过在深水环境下，管线可能不需要埋设。单相管线可以输送油或气，不过不能同时输送油气。两相管线可以同时输送油和气。在两相管线中，液相易在弯头处聚积并形成段塞流（图 11-12），这种段塞流对管线末端的接收分离装置提出了很高的要求。

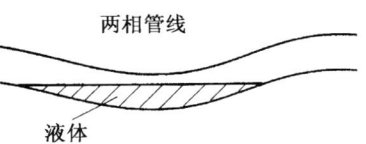

图 11-12　管线低洼处的液体聚积

管线既用于油田内的集输系统，又用于干线外输。

为了定期对气管线中的水及杂物进行清理，可以下入橡胶制成的清管器。清管器与管线内壁紧密接触，由其后的流体推动，在管线中前进。清管器在管线首端由投放装置投放，在管线末端由接收装置接收。

如图 11-3 所示，使用清管器的过程如下：

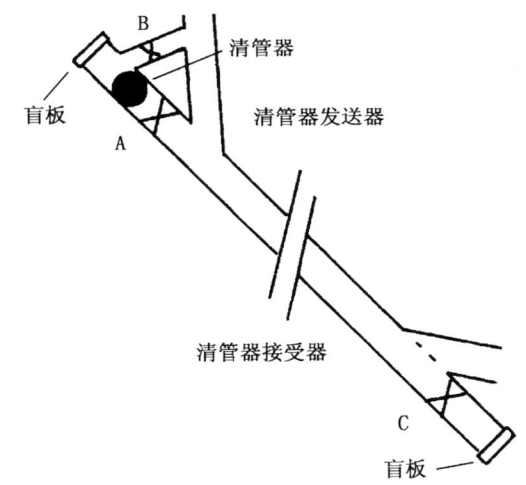

图 11-13　清管系统

（1）关闭阀门 A 及阀门 B，放空投放筒压力。打开盲板，放入清管器并关闭盲板。

（2）打开阀门 A，清管器进入到干线环境。打开阀门 B 将清管器推入干线。阀门 C 也同时打开。

（3）清管器通过管线并进入接收装置。

（4）关闭阀门 C，放空压力，打开盲板，取出清管器。

11.3 地面设备布置

11.3.1 陆上

陆上的井通常为直井，分布较分散。管线成放射状从单井汇向联合处理装置。这一流程的动力来源为井口压力（图11-14）。

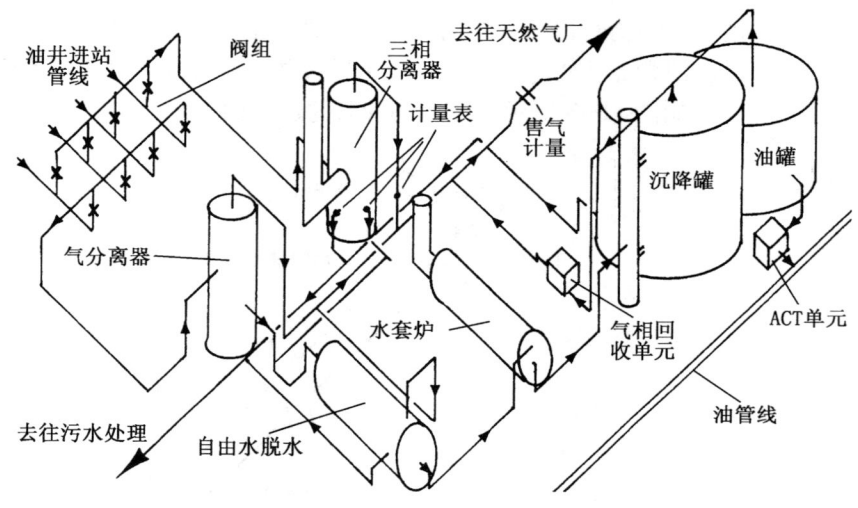

图 11-14 陆上联合站

（1）在量油管汇中，一次对一口井的油、气、水进行计量，其余井进入生产汇管。

（2）油、气、水经重力分异进行分离。经常可能需要进行破乳以协助分离。

（3）原油通过 ACT 计量并销售到客户管线或罐车。

（4）天然气通过孔板流量计计量销售。定期检测其乙烷及其他烃类含量来调整售价。

湿气由于易在管道中形成水合物等原因，不宜直接进行长距离管道输送，需在轻烃装置脱水及回收较重烃组分后再加压进入管线外销。

（5）产出水由于矿化度高，不能直接排到地面，需要回注到地层中或用于注水。

11.3.2 浅水环境

浅水环境下的开发情况与陆上一致。也是采用分散的直井,然后由管线汇往处理装置。

11.3.3 较深水(一般海况)

在深水环境下,采用分散的单井成本过高,因此采用单平台集中打定向井的方式。

几个平台的产量由油、气、水三相管线连接并汇送到处理平台进行处理。如果平台远离海岸,也会建立一个居住平台。

油井、处理设备及人员住所应尽量安排在不同的平台上,平台间可以搭建通道。这种安排是为了安全起见,因为处理设施涉及用火及人员安全等因素。

设备平台完成如下功能(图11-15):

(1) 油、气、水分离。海上油田所产原油一般具有较高的 API 重度,不易形成乳状液。卧式三相分离器一般可以很好地完成任务。

(2) 产出水中所有的油都处理干净后,直接倒入海中。

(3) 天然气在脱水后压缩进管线。海上通常采用三甘醇脱水工艺。

(4) 原油经管线运输到陆上。管线也可以是油气两相同时输送的。

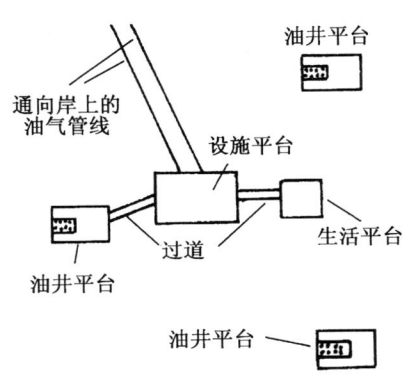

图 11-15 海上平台布置

11.3.4 深水(特殊海况)

随着海水的加深,平台造价会变得越来越昂贵,因此不得不将生产、设备及人员都集中在一个平台上。该平台在初始阶段也作为钻井平台使用。

单一平台显然在安全性方面要差一些。不过像在北海油田这样的地区，在一座平台造价可高达 10 亿美元的情况下，这也就成了唯一的选择了。

11.3.5　水下完井

水下完井井口出来的原油可以通过管线连接汇入到固定或浮式平台上。

12 天然气

天然气是一种广受欢迎的燃料，原因如下：

（1）天然气燃烧充分，无烟尘或杂质。这种特性使得其在某些场合非常适用，比如商业、食品及汽车领域。

（2）天然气的火嘴简单、便宜且不易被焦炭堵塞，在小规模工业领域非常适合。

（3）天然气氢/碳比较之燃料油或煤炭为高，在释放同样能量的情况下，产生的炭比油少30%，比煤少50%。这种环保优势使天然气适用于发电及其他一些大型工业领域。

12.1 偏远气田

天然气一般供应本地市场，而原油却在全世界销售。这是因为天然气不能通过普通的海上油轮运输。世界上任何地方出产的原油都可以经济地运输到市场上去，而偏远气田则不然。为使偏远气田具有经济性，可以采用以下手段：

（1）在附近建设化肥厂对天然气进行增值后，经济地运输到市场。

（2）建立液化天然气设施，不过稍后我们会谈到其弊端。

12.2 天然气的现场处理

与原油伴生的井口天然气大多从分离器脱出，另一少部分从联合站的罐体中脱出。这种天然气一般压力较低，含水及重质轻烃，同时还常常带有硫化氢及二氧化碳成分。

井口气可以用来给现场容器设备加热及作为燃料为泵、压缩机及气举系统提供动力。有些情况下，处理流程出现问题时，一些天然气可能会点火把烧掉。在美国，由于矿产权是私有的，一个联合站可能要处理来自不同所有权的天然气流。为了确保准确，不仅需要跟踪单井产量，而且要知道现场设施消耗的天然气量（图12-1）。在这种情况下，对来自不同产权区的气量资料进行准确录取是较为棘手的。因此需要按每口

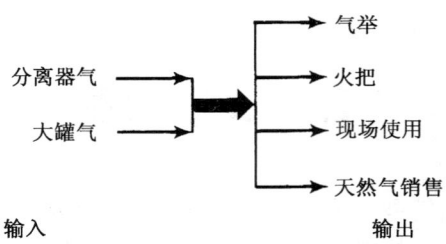

图 12-1 现场天然气流程

井平均分配用气量，以使天然气销售收益均衡分配。

井口生产的其余天然气由管线短距离运输到天然气处理中心进行处理以进行长距离管输。出于规模经济效益的考虑，通常由一个大的天然气处理厂来处理来自不同油田的天然气。在美国，管线及天然气处理厂一般不为油气生产者所有。不同的公司从生产商那里购买从联合站出来，经过孔板计量的湿气。在世界其他地区，天然气处理设施一般都归油气生产商所有。

由于气井出来的气与伴生气不同，压力要高得多，通常可达几千个 psi，所以气中没有太多的水分和凝析成分。因此，这种天然气不需要十分复杂的处理。

12.3　多余伴生气的处理

油井一般是放开生产的，因为一定有市场。而伴生天然气则不然。一时卖不掉的伴生气需要巨型的压力储罐才能储存，而这样做显然是不现实的。因此，在这种情况下，剩余的这些伴生气就变得毫无价值，在过去就点火把烧掉了。近年来，开始向地下回注这部分伴生气，原因如下：

（1）燃烧剩余天然气所排放的甲烷及燃烧气体为温室气体，会导致全球变暖。

（2）烧掉这样一种将来可能很有价值的气体无论如何都是一种浪费。

（3）回注的天然气可以提高油藏采收率。

与伴生气不同的是，气井气只有在有市场时才开采。这里采用的是一种"管线配产"的方式：干线入口压力降低时，气井开始生产；干线入口压力升高时，气井关闭。这样可以避免烧掉多余天然气。

12.4 天然气处理

天然气处理厂将天然气中的重质组分及杂质分离出来，为天然气进入长距离输气管线做好准备。过程如图 12-2 所示。

(1) 天然气液，包括戊烷、己烷及更高相对分子质量的汽油成分被从天然气中提出以防止其在管道中凝析出来阻碍流动。大多天然气液作为汽油原料送到炼油厂。因此提取天然气液这一过程不仅对于天然气管道输送有利，而且产生了更多的利润。

(2) 天然气中的水被除去以防止结冰、生成水合物及腐蚀管线。

(3) 液化石油气中的丙烷和丁烷从天然气中提取出来，在防止了管线腐蚀的同时还可以作为化工原料、炼油原料及石油气罐燃料使用。

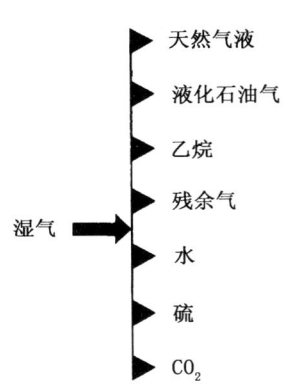

图 12-2　天然气输入及输出

(4) 如果附近有好的市场，还可以出售由天然气中提取的乙烷。如果没有好的市场，乙烷可以和甲烷混在一起不分开，可以增加气体热值。乙烷的挥发性足够大，不会在管线中凝析出来。

(5) 天然气中的硫化氢对管道有腐蚀作用，必须消除。这一过程可以产生单质硫黄并销售给化工厂。

(6) 二氧化碳无热值且在有水存在的情况下具腐蚀性。天然气中分离出来的二氧化碳通常没有市场，因此会排放到大气中。在美国西部的混相驱提高采收率项目中，有对二氧化碳的大量需求。

天然气厂中的处理过程包括：

(1) 压力升高至管线压力，凝析大多天然气液及液化石油气。

(2) 天然气以上升的气泡形式通过吸收塔，塔中有向下流动的吸收油。所有的液化石油气及部分乙烷可以被吸收。

(3) 高压气体膨胀以形成低温，分离乙烷。

(4) 天然气与单乙醇胺反应去除酸性气体，如硫化氢及二氧化碳。

(5) 通过三甘醇或固体干燥剂去除水分。

12.5　天然气管线

焊接的钢管是天然气运输的主要方式。天然气管线通常直径很大（20～40英寸），工作压力较高（800～1000 psi）。

管线基础设施投资巨大，不过收益期也很长，可以达到几十年。当前两个利润很大的管线项目有美国西南产油区至美国东北部的管线及俄罗斯从西西伯利亚至西欧的管线。相比较，伊朗的气藏储量仅次于俄罗斯，不过由于没有管线基础设施，产量很少。

12.6　液化天然气

将甲烷液化成为液化天然气可以方便运往世界各地。一些偏远气田，由于建设管线不合算，不能够经济有效地开采，采用液化天然气的形式则可以有经济效益。

液化天然气的目的是方便运输，到达目的地后还要再汽化，然后通过常规气管线输给客户。有时这部分气可以与当地其他天然气混合输送。直接使用液化天然气的困难是，液化天然气必须保持在低温条件下以防止挥发，这种设施太大而且昂贵。不过这种直接应用的实验正在进行，如在大卡车上的应用。

12.6.1　上游设施

液化天然气项目的第一步是建立上游设施以将气输往液化天然气厂。这包括气田开发和气流控制系统等。如果是海上开发，则要建立到陆上的天然气管线。保证到液化天然气厂的天然气流的稳定性是很关键的。这其中的挑战有液化天然气厂全天24小时连续运行及缺少缓冲装置的情况；有些时候还有两相流的问题，会出现流体段塞。

12.6.2　液化天然气厂

通过加压和降温的方式，液化石油气就可以被分离出来。相比较，要想液化甲烷，就需要极低的温度（−260 ℉）。因此液化天然气厂就像一个大冰箱一样工作。这些工厂建在陆上，有海上接收装置。未来可能在浅水上建立浮式液化天然气厂。

12.6.3 海上油轮

液化天然气由特殊装备的油轮运输，采用厚重的保温层来保持液态。有些采用球状罐存储，有些在船体舱内存储。在运输过程中，汽化的天然气要么用来作船只的燃料，要么通过船上的冷却装置重新液化。

液化天然气油轮至今没有出现过什么大的事故。尽管如此，要清楚，对于液化天然气这种高燃烧值和高挥发性的燃料，罐体破裂可能造成的大火会是灾难性的。

考虑到以下因素，油轮的调度有着非常大的难度：

（1）由于在液化天然气厂和码头之间建立大型存储装置的不现实性，液化天然气产品是连续地通过管线运送的。因此必须随时有船在码头接收液化天然气产品。

（2）另外一个挑战是：液化天然气必须及时顺畅地运到卸载码头，经再汽化后注入用户管线，并保障向最终用户平稳供气。

12.6.4 再汽化终端

液化天然气的再汽化没有液化那么复杂，不过安全因素仍然是首先要考虑的。再汽化有过发生爆炸的先例。与此同时，还要保证向客户平稳供气。

12.6.5 经济性考虑

液化天然气项目的经济性受到以下几个因素的影响：

（1）液化天然气厂要有相当的规模才具经济性。因此其建设投资是巨大的，达到几十亿美元。这样大的投资使得只有少数天然气资源能够得到利用。

（2）液化天然气厂大多数的投资是位于发展中国家的陆上基建投资。这些固定资产容易受到所在国政局的变化及国有化的威胁。而液化天然气项目的长期性（15~20年）更加重了这一忧虑。

（3）液化天然气工业相对比较单薄孤立，其生产链的任一环节，包括气田、管线、码头、油轮及再汽化厂等，出了问题，都有可能造成整个项目的瘫痪。

（4）液化天然气项目的利润，充其量也只能达到一般水平。世界上大量的天然气供应商试图挤进液化天然气这块市场，这给了买方挑肥拣瘦的余地，使得液化天然气变成了一个微利行业。

液化天然气工业的巨大基建投资造成了液化天然气价格较燃料油价格偏高，这一点严重制约了其消费市场的开拓。只有那些确实需要天然气供应并且无其他获得渠道的客户才会购买液化天然气产品。由于高成本的原因，液化天然气只占了世界天然气市场的一隅，这一状况在一定时期内不会改变。

12.6.6 液化天然气的供需关系

世界液化天然气的买家主要是日本。日本消费了世界上大多数液化天然气供应。韩国是液化天然气的第二大消费国。另外的消费国零散分布于几个欧洲和亚洲国家。

世界液化天然气的供应主要来自亚洲。其中第一大液化天然气生产国是印度尼西亚，其次为马来西亚、澳大利亚及文莱。阿尔及利亚是亚洲之外唯一一个较大的生产国。

12.7 天然气制油

截至本书写作时，天然气制油还只是处于研究阶段。然而，一旦该项技术取得成功，意义会是深远的。

天然气制油可以将甲烷转化成为液态石油产品，比如中间馏出物。天然气制油的原始形式已经存在了一段时间了。第二次世界大战期间，德国曾用天然气制油技术制造汽油来维持其战争机器的运转。另一个天然气制油的设施在南非。这两个例子中的天然气制油工艺以今天的市场眼光来看都不具经济性。不过该种技术正在大量资金扶持的情况下处于不断改进的进程中。如果该项技术最终取得成功的话，将对液化天然气提出强有力的挑战，甚至对传统的石油市场产生影响。

天然气制油技术的好处是，可以令天然气得到加工后，像原油一样方便运输。这样一来，世界范围内许多偏远气田就都可以进行商业性开采了。

与液化天然气不同的是，天然气制油不需要大量资本的投入及对规模效益的追求。小规模的天然气制油厂也可以经济有效地运行。这样一来就可能在偏远的海洋浮式生产平台上建立小型的天然气制油设施。这些偏远的海洋浮式平台没有外输管线，生产出来的原油装入油轮，伴生气则烧掉或流入油藏。天然气制油工艺可以解决这一问题，将天然气制成油后，与原油一起装船运输。

  天然气制油的另一个优势是，以甲烷为原料，所生产出来的石油没有硫及其他杂质，而这对于普通原油是实现不了的，可以大大消除对环境的污染及对设备机器的腐蚀。

  考虑到天然气制油的潜在优势及天然气的巨大储量，其应用前景是不可限量的。甚至有猜测认为，天然气制油将来会取代原油成为世界的主要燃料。

13 炼油及石油化工

原油的成分变化很大，没有两种石油的油品是完全相同的。一种原油可能呈亮绿色，气味芳香且像水一样易流动；另一种却可能是颜色漆黑，有一种硫的气味。还有的原油颜色呈粉色，热天倒在地上也会堆起来。与此呈另一个极端的是天然气凝析油，无色透明，挥发迅速。原油的不同品性反映了组成它们的烃类分子在大小和种类上的差异。

这种组成和品质上的千差万别也是原油之所以被称之为"原"油的原因。原油性质不稳定，操作时要考虑到安全因素。原油只有通过炼油过程才能转化为各种专门用途的产品，比如用于车辆的汽油及家庭产热用的燃料油等。

13.1 原料

输送到炼油厂的原料主要为原油，包括凝析油，也包括相当一部分天然气液及液化石油气（主要为丁烷）。炼油厂通常不专为一种油品性质设计而是根据市场需求调整原料需求。

炼油厂工程师们采用计算机模型来选择最有利润潜力的原料。根据原油价格及对其性质的详细分析，可以通过计算机模拟软件计算出每种原油的最终产品及产值。每种原油的产值对不同的炼油厂是不同的，而且随着终端产品价格的变化而变化。比如说汽油价格的升高会使炼油厂生产向汽油端倾斜，这也间接影响了市场原油价格。

炼油厂的原油原料一般都是从市场上购买，而不是自己生产的。炼油工业有很好的原油市场操作手段来通过双赢的方式获取原油。原油是自由交易的，通常要几经转手，通过最优渠道进货。

13.1.1 原油中的硫

炼油厂或者只能处理低硫（含硫 $\leqslant 0.5\%$）原油，或者也能处理含硫原油（含硫 $\geqslant 2.5\%$）。原油中的硫以化合物方式存在，这就增加了移除它的困难。

处理含硫原油，防腐措施要到位，比如在阀门及容器里要有不锈钢或塑料防腐层。因这些额外成本的缘故，含硫原油价格比低硫原油要低些。

13.1.2 原油的运输

原油可以通过多种运输方式由产地运往炼油厂。在陆上，原油可以通过公路、铁路及内陆航运运送，不过最基本的还是管输。管输的方式也适用近海生产。

深海环境下常采用海底井口及生产油轮系统进行生产，由穿梭油轮来回运输原油。世界范围内的石油进出口运输主要依靠远洋油轮。中东的大量原油就是通过这种方式运输出口的。

原油管道具有很好的环保记录，一般不会出现问题。一旦出现泄漏事故，会自动停泵以最大限度减小损失。

远洋油轮在环境方面的安全系数不像管道那样高。其中一个因素就是海上随时都有大量的油轮在航行。如此密集的航运容易造成事故的发生。到目前为止，最严重的油轮事故是 Exxon 的 Valdez 巨型油轮在阿拉斯加海岸的搁浅事故。在世界石油运输中占有重要地位的巨型油轮，因其巨大的体积和重量，一旦发生情况很难停止或转向。一旦巨型油轮发生碰撞事故，可能泄漏的原油数量是惊人的。为了最大限度地减小风险，巨型油轮的航线一般都尽可能远离其他船只的航道。世界很多地区都在建设转油码头，巨型油轮在码头卸油后即离开，由穿梭油轮或管线经过繁忙的港口运输原油上岸。目前很多新生产的巨型油轮是双船体的，增大了安全系数。

13.1.3 炼油厂的功能

原油因其分子成分太杂，在很多场合不能作为燃料使用。为了适应特殊场合，燃料应具有一定的性质。比如，丁烷的燃烧只需要最简单的火嘴，燃烧后完全没有杂质。而渣油则要经过预热，并呈雾状吹到燃烧室内才能较高效地燃烧，并产生很多需要处理的焦炭。丁烷和渣油是炼厂中出来的针对不同燃烧系统的燃料。

原油中相对分子质量小的烃类组分可以增加原油的挥发性，降低原油黏度并使其颜色变浅；反之，原油中相对分子质量大的烃类组分可以减小原油的挥发性，增加原油黏度并使其颜色变深。由于挥发性及黏度是燃烧系统设计的重要参考因素，炼油产品的不同应主要体现在分子大小上。

炼油的第一步是按分子大小将原油切割成不同的馏分。比方说，其中一种馏分可能是丁烷及更轻组分的气体馏分，比这重一些的馏分可能为汽油馏分。这些馏分是通过蒸发及冷凝等分馏过程得到的。

在所有馏分中，最有价值的是"白色产品"部分，即汽油、柴油、航空燃油及加热用油等。在这些中间馏分产品的生产过程中要尽可能将其他馏分也转换过来。这一目的可以通过以下对分子的处理实现：

(1) 通过对小分子进行聚合产生所需的较大分子产品。
(2) 通过对大分子进行裂解得到较小分子产品。
(3) 对分子进行异构化。

实现上述处理有以下三种所需手段：

(1) 加热以对分子进行激发。
(2) 加压以防止汽化。
(3) 加入催化剂来加速反应。

13.2 流　　程

炼油厂工艺的复杂程度各不相同，最简单的可能只有常压蒸馏塔。对重组分进行裂化等深加工流程会使工艺流程变复杂。以下所列流程为较复杂的炼油厂流程。

(1) 常压蒸馏。

为了理解常压蒸馏塔的工作原理，需要先了解蒸馏流程。如图13-1所示，自来水被蒸发然后冷凝。这一过程产生了蒸馏水，蒸馏水比原来的自来水纯净，因为只有水分子蒸发并离开了容器，而其他不能蒸发的杂质则留在了容器中，浓度逐渐变大，最后当容器变干时，形成固体杂质残留。这一过程可以将水和杂质分开。

在以上所讲的例子中，水在212 ℉（海平面高度）的沸点沸腾，这一沸点是水分子所特有的性质。每种烃分子也有其特定的沸点，相对分子质量越小，沸点越低。蒸馏塔中馏分切割的原理就在于此。

如图13-2所示，一个装有原油的烧瓶在本生灯（也称为煤气灯）上加热并稳定在200 ℉，烧瓶中的原油一开始沸腾得很厉害，后来慢慢减弱以至于停止沸腾。这一过程中，大约有四分之一的原油被蒸发了。

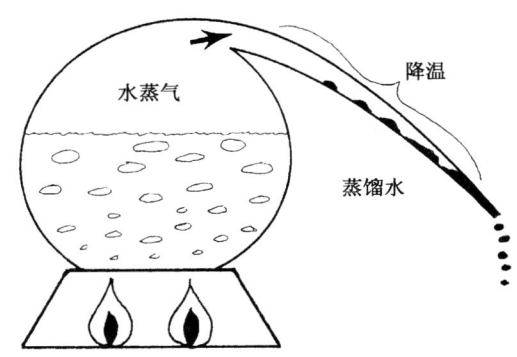

图 13-1　水的蒸馏

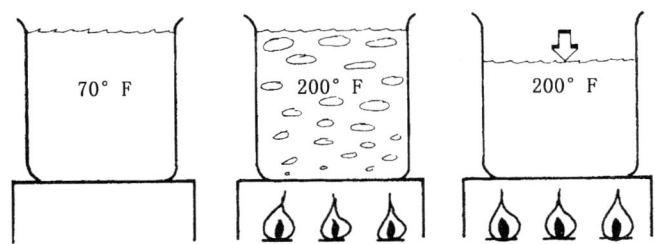

图 13-2　蒸馏出原油的特定馏分

如果对这部分蒸发掉的蒸气进行冷凝，就可以得到沸点在 200 ℉ 以下的馏分，剩余的则为沸点在 200 ℉ 以上的馏分。这时如果再提高温度，则会有新的更高沸点馏分被切割出来。如此这般，便实现了不同相对分子质量成分馏分的切割分离。

常压蒸馏只是炼油厂的初始流程。进行常压蒸馏的大直径直立常压蒸馏塔是炼油厂里最大的塔，里面有多层塔板。原油经过加热汽化后，从常压蒸馏塔底部进入，并向上从塔板的孔中窜出，与回流的冷凝液接触。这一接触过程不断地产生新的蒸气和新的冷凝液，并达到动态平衡，塔中由下至上馏分变轻。切割出来的馏分从塔的侧线馏出口不断馏出。每个侧线馏出口的位置设计来专门馏出一定沸点范围内的馏分。如图 13-3 所示，轻瓦斯油馏分的沸点范围为 450～650 ℉。

（2）减压蒸馏。

原料：常压塔中出来的常压重油。

目的：进一步提出轻馏分。

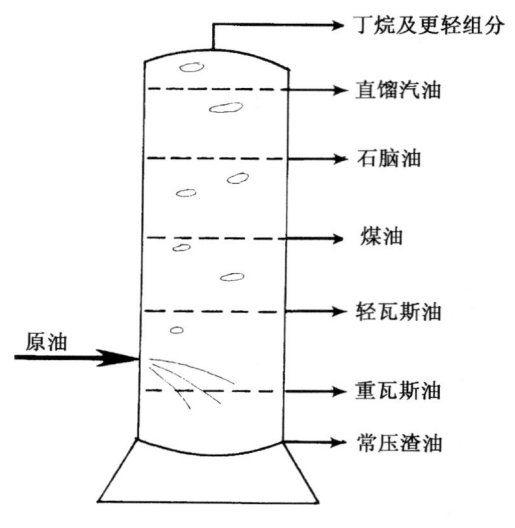

图 13-3 蒸馏塔

机理：对常压重油进行加热并利用真空下沸点降低这一因素。

产物：瓦斯油及减压渣油。

减压蒸馏对重油进行了处理。如果单纯加热而不减压的话，会因高温裂化而形成价值较小的气体。减压后，温度不必过高，从而避免了高温裂化的发生。

（3）热裂化。

原料：减压渣油。

目的：对大分子进行裂化，生成汽油馏分。

机理：加热（920 ~ 1020 ℉）。

产物：一直到焦炭的一系列产品。

（4）催化裂化。

原料：从常压塔、减压塔中来的重瓦斯油馏分。

目的：将较重馏分转化成汽油。

机理：加热及催化剂（颗粒或粉末）。

产物：从甲烷到渣油。

裂化会产生一些烯烃（图 13-4），它是一种缺少碳原子的有用分子，比如乙烯、丙烯及丁烯。

烯烃是人造的，自然界不存在。

（5）加氢裂化。

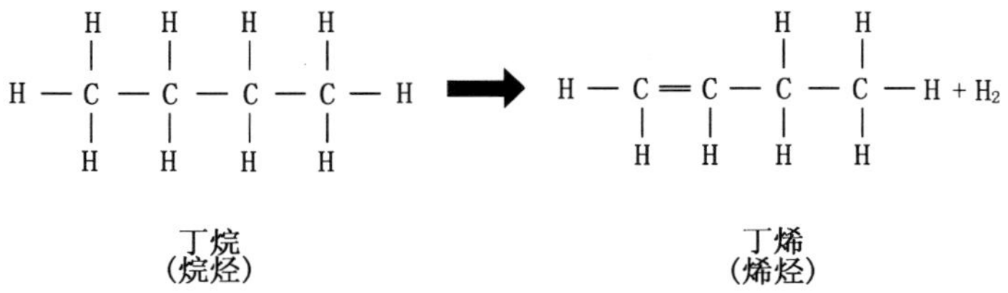

图 13-4　从丁烷到丁烯

原料：蒸馏得到的瓦斯油馏分。
目的：从瓦斯油中制造汽油。
机理：催化裂化及加氢。
产物：高质量汽油，无杂质。
这一过程产出的产品最有价值；适用于炼油厂从燃料油向汽油生产的季节性转换。

(6) 烷基化。
原料：来自裂化的烯烃（丙烯和丁烯）和气厂的异丁烯。
目的：使较轻馏分生成汽油产物。
机理：在压力、冷却及催化剂（硫酸或氢氟酸）条件下聚合。
产物：烷烃及气体。

(7) 催化重整。
原料：蒸馏得到的石脑油馏分。
目的：将石蜡基汽油转化为芳香基汽油，增加其辛烷值（图 13-5）。

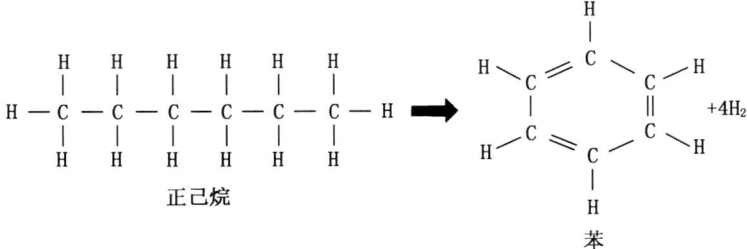

图 13-5　烷烃转化为芳香烃

机理：加热加压条件下，使用催化剂（氧化铝、二氧化硅和铂）。
产物：芳香基汽油及气体。

(8) 调和。

调和是最后一步，将各过程的产品调和成最终产品。调和过程决定了与之相配套的从原料到生产处理的各个环节。

汽油调和主要考虑产品的蒸气压及辛烷值。对汽油蒸气压的要求随季节的变化而不同。冬天的蒸气压要高些，以利于发动机启动；夏天则要求蒸气压低些以防止发生气阻。海拔高度也是蒸气压要考虑的一个因素。为防止气阻，高海拔地区使用的汽油蒸气压应低些。

汽油应具有一定的辛烷值以防止爆震。按照汽油发动机的设计，在冲程的末尾，空气及燃料混合物压缩比达到最大时，再由火花塞点燃。如果汽油的辛烷值太低，可能在活塞到达冲程末端之前，燃料混合物就会自燃，从而产生爆震，影响发动机效率甚至损坏发动机。

过去增加汽油辛烷值的手段是在汽油中加入四乙基铅。目前世界大多数国家已经禁止了四乙基铅的使用。为了提高汽油的辛烷值，当前采用的方法是精细加工，比如烷基化、重整、加入醇及氧化剂等。加入的醇类有：甲醇、乙醇及叔丁醇。氧化剂采用甲基叔丁基醚（MTBE）。

政府对汽油的污染物排放有严格的标准。比如蒸气压要足够低以使加油时不致有太多汽油挥发。另外还要在汽油中加入足够的醇及氧化剂以消除尾气中的臭氧及其他污染物。

柴油及燃料油由轻瓦斯油馏分经调和得到。两种产品的性质相近，经常互用。柴油的一个特有性质是其燃点较低。对于燃料油来说，关注的是涉及安全性的"闪点"，闪点涉及燃料油的挥发性及可燃性，以及体现低温下流动能力的"倾点"。

渣油可加工成沥青销售或与较轻馏分调和成为燃料渣油。燃料渣油可用于大型工业领域，在这一领域可以为燃料渣油的使用提供预热及雾化火嘴等必要设施。

13.3 石油化工产品

石油化工产品是从原油和天然气中生产出来的非燃料产品。石油化工工业的基础建立在碳原子4个共价键的化学反应能力上。氢元素是与碳原子化合的最常见元素，其次是氧和氮。此外，硫元素、氯元素及其他元素也可以和碳形成化合物。此外，由于同分异构体的存在，使有机化合物种类达到了数千种。事实上，有机化合物约占了地球上化合物的95%。

石油化工厂的原料有天然气、石脑油、煤油及轻瓦斯油等，大多来自炼油厂。天然气处理厂也提供诸如天然气、乙烷及液化石油气等原料。

为了与原料供应保持较近的距离，石油化工厂通常建在炼油厂附近。同时，石油化工厂的一些副产品也可以为炼油厂所用。事实上，原料及产品的流动及操作人员的整合已经使得炼油厂与石油化工厂之间的界限模糊了。世界上已经有了一些集炼油与石油化工于一身的大型炼化企业。

一般来讲，石油化工厂比炼油厂要小得多，例外的是一些大型乙烯生产厂。在这些工厂中采用的工艺与炼油厂相近，也有加热、加压及催化剂的使用。不过与炼油厂不同的是，在生产流程中，要采用一些无机化工原料。

图 13-6 中给出了一些石油化工产品及其应用的介绍，从图中可以看出这些产品对我们生活的重要性。不难想象，将来的某一天，石油和天然气的供应会缩减到这样一种程度：将它们当燃料烧掉会太可惜了，只有将它们作为石油化工原料才会有利可图。

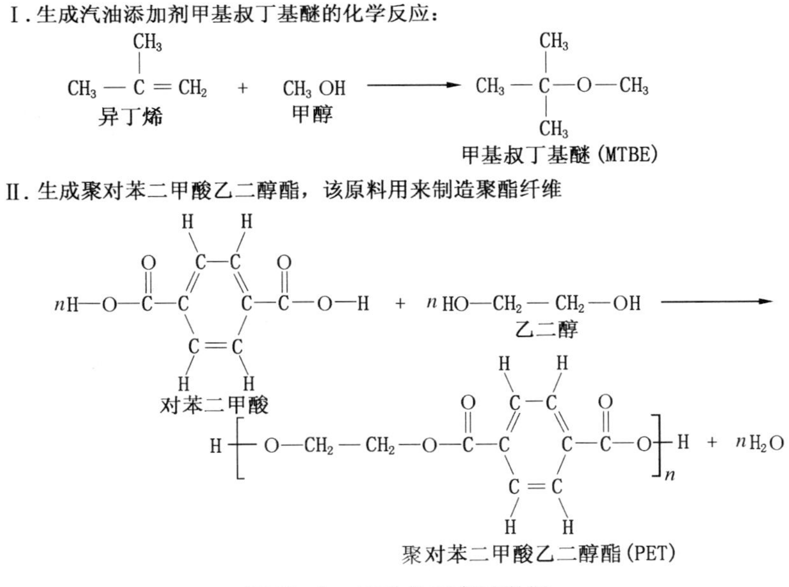

Ⅰ. 生成汽油添加剂甲基叔丁基醚的化学反应：

$$CH_3-\underset{\underset{CH_3}{|}}{C}=CH_2 + CH_3OH \longrightarrow CH_3-\underset{\underset{CH_3}{|}}{\overset{\overset{CH_3}{|}}{C}}-O-CH_3$$

异丁烯　　　　甲醇　　　　　　　　　　甲基叔丁基醚(MTBE)

Ⅱ. 生成聚对苯二甲酸乙二醇酯，该原料用来制造聚酯纤维

$$n\,HO-C-C_6H_4-C-OH + n\,HO-CH_2-CH_2-OH \longrightarrow$$

对苯二甲酸　　　　　　　　　　　乙二醇

$$H{-\!\!\left[O-CH_2-CH_2-O-C-C_6H_4-C\right]\!\!}_n\!\!-OH + n\,H_2O$$

聚对苯二甲酸乙二醇酯(PET)

图 13-6　石油化工产品举例

14 石油的销售

原油、天然气、炼油产品及石油化工产品最终都要进入到商品油市场。品质相似的商品油具有高度的可互换性。比如得克萨斯州西部所产的低硫稀油与沙特阿拉伯所产的低硫稀油在同一炼油厂流程下的产品是非常接近的。

石油销售过程大致如下：
（1）将石油产品运送到交接地点。
（2）如有必要，提供存储设备。
（3）平衡生产及需求。
（4）取得最优价格。

14.1 原油销售

炼油厂通常位于石油生产区附近，与其他处理设施包括化工厂在一起。总的流程是，世界各地的原油通过大型油轮运到这里，经炼油加工后生成的产品再由较小的油轮运往各地。

由于石油的海运非常方便，很多边远油田在开发后往往修建一条通往海上石油码头的管线，这样油田就与世界石油市场连接起来了。油公司可能会通过本公司的油轮在本公司油田和炼油厂间运输原油，不过更多情况下，油公司会将原油卖给系统高效的中间商市场。为炼油厂提供原料的原油中间商要经常与原油生产商联系油价及运输事宜。

在美国，当发现一个新油田时，油田生产者通常将原油输进就近的管线，并按牌价从管道公司收取销售收入。油田生产者还可以采用租赁的方式获取部分管道使用权。在美国及其他国家，由于生产者与炼油厂之间具有良好的市场渠道以及原油的可替换性，没有哪家公司非得要在自己的炼油厂处理自己生产的原油。

14.2 石油输出国组织（OPEC）

OPEC 成立于 1960 年，成立的目的是为了对抗西方石油公司对油价的垄断。其真正起作用始于 1973 年，从这一年起，OPEC 开始成为左右油价的垄断组织。到 1999 年，OPEC 成员国包括：沙特阿拉伯、伊拉克、伊朗、委内瑞拉、尼日利亚、科威特、利比亚、阿拉伯联合酋长国、印度尼西亚、阿尔及利亚、加蓬及卡塔尔。

国际原油市场在其初始阶段是非常捉摸不定的。这是因为大的石油发现是随机和不确定的，因此很难事先计划。石油的供应时好时坏，导致了油价的动荡不定。这种情况使得对油田发展的必要投资受到了阻碍。稳定的石油市场成为了大家共同利益的焦点。

为稳定石油市场而做出努力的第一个机构是 20 世纪 30 年代的得克萨斯州铁路委员会，稳定的效果是相当不错的。在那个年代，美国得克萨斯州是世界主要的石油生产和出口地。因此得克萨斯州铁路委员会可以通过调节本州的石油产量来平衡世界石油市场需求。同时，通过与控制境外石油生产的大公司相合作，得克萨斯州铁路委员会成功地控制了世界油价直到 60 年代。

到了 20 世纪 70 年代早期，美国逐渐失去了其在世界石油市场上的垄断地位，而逐渐成为了一个石油进口国。这种情况下，得克萨斯州铁路委员会便失去了控制世界市场的能力，而只能由跨国石油公司独自来承担这一功能了。这就给了 OPEC 新的生命力，因为他们此时意识到，OPEC 已经成为世界石油供应的主力了。

从那以后，OPEC 一直试图通过调节成员国原油产量来适应市场需求。其努力有时是成功的，不过有时也会造成油价的大波动。这是由于 OPEC 成员国之间的利益分歧造成的。一个突出的例子是海湾战争时期伊拉克对科威特的入侵。

近年对 OPEC 的另一个冲击来自非 OPEC 成员国的石油生产。到了 20 世纪 90 年代末期，OPEC 的产量已经降到了世界总产量的 40%。然而，要注意到的是，OPEC 国家，特别是沙特阿拉伯，仍然有着世界上全部的剩余生产能力。这就保证了他们能够持续保持对油价的影响。

14.3 天然气市场

由于天然气必须在压力下储运，因此其商业化必然意味着大量的下游投资，其中一个方式是液化天然气。在这种方式下，天然气被在生产地附近液化，成为较易运输的形式。

另一个方式是将市场搬到偏远气田附近，比如在气田旁建一个化肥厂。生产高价值的化肥之后，可以经济地运往市场。

与原油不同的是，建立天然气的大规模地面存储设施是不现实的。一般天然气都保留在地下气藏中，在有市场需要的时候再开采。其存储的另一个形式是利用市场附近空的地下气藏空间作为储气库。在美国，天然气生产主要来自西南部，而其消费市场主要集中在美国东北部。天然气需求在冬天最大，此时管线满负荷运转。夏天的时候，需求下降，管线运转负荷下降。在有地下存储空间的情况下，管线的运输可以保持在一个较高的水平上。天然气到达东北部市场后，在没有消费需求的情况下，可以先注入到地下储气库中。冬天到来后，储气库中的气可以用来对管线气进行补充。

对于偏远地区的气藏，其生产完全建立在项目本身的基础上，项目时间跨度一般为20年或更长时间。在世界上的大多数地区都是这样一种模式。然而，近年来，美国的天然气工业已经变得灵活了。气价的放开导致出现了天然气短期市场，甚至现货市场。市场链条已经发生了改变，天然气生产者不再像过去那样，必须将产品卖给管道公司了，而是可以直接或通过中介公司与客户建立联系，然后雇佣管道公司进行运输。如此带来的灵活及效率对各方都有利。当前，天然气期货与石油期货一样都在金融市场上交易。各公司都已经学会了通过期货的运作来规避价格波动的风险。

14.4　炼油产品及石油化工产品市场

工厂不仅要搞好原料进货，还要负责将产品销往市场。尽管对石油化工产品的存储要比对天然气的存储容易得多，考虑到石油化工产品的大量生产流通，其暂时存储的能力还是非常有限的。因此，良好的市场是非常必要的。在原油方面，一个公司自家生产出来的汽油不一定要在自家加油站销售。比方说，墨西哥湾地区的炼油厂可以将剩余产品就近销出，之后可以从东海岸、西海岸等其他地区购入相同数量的产品。这样就避免了在全国范围内运输商品，使各方都可以受益。

石油产品的运输可以通过罐车、油轮及管线。管线可以以段塞的形式同时运输多种油品。在段塞连接处发生的混合物可以再处理。

液化石油气（LPG）不仅是炼油厂的副产品，也可以来自天然气厂。作为副产品，LPG的产量不取决于其本身的市场需求，而是取决于汽油和天然气的市场需求。因此LPG市场的供应非常不稳定。这就要求有一定的 LPG 存储以达到缓冲的目的。在美国墨西哥湾地区及世界的其他地区，LPG 的地下存储空间一般为地下岩洞。

名 词 解 释

（名词按汉语拼音排序）

[A]

API 重度：石油密度的一种量度，API 重度值越高则原油越轻。

暗点处理：一种地震处理方法，用来发现油藏上方天然气所造成的"晕圈"。

[B]

板块构造说：一种学说，认为地壳由板块构成，在扩张带生成，在俯冲带消失。

半潜式钻机：大型、浮式，能够自航的海上钻机，通常用锚固定，有时也采用动力定位，钻井作业时处于半潜状态以获得稳定性。

伴生气：与原油一起生产出来的天然气，包括溶解气和气顶气。

背斜：脊部向上的地层褶皱，也叫穹隆或高点。

闭合高度：油气圈闭的竖直高度。

边界钻井：租赁区边界线旁边打了一口成功的生产井后，可能在另一边需要钻一口井以防止油气运移出边界线。

变质岩：被热或压力改变了的岩石。

标志层：与周围地层相比，有明显声阻抗性质变化的地层。该种地层可以反射地震波，在地震剖面上可以显示出地层构造形态。

波及系数：驱替流体波及的油藏体积百分比。

[C]

采收率：地下储量可以采出的百分比。

采油树：井口的阀组机构。

残余油（气）饱和度：油（气）的饱和度低于残余油（气）饱和度时，不再形成连续相，不能够被采出。

测井：对井下岩石特性的测量。采用电缆将测试仪器下入井底，在测试段缓慢上提，录取地层自发或受激发出的信号。

产量支付贷款：以指定油田的部分产量收入来担保支付贷款。
沉降罐：通过沉降达到乳状液油水分离效果的大罐。
海进：海岸向海洋中沉没。
成岩作用：在温度、压力和化学作用下，深度埋藏的沉积物发生的作用。
承包合同：一种钻井合同，合同者按作业者的要求打井并收取固定的报酬。
稠油：API 重度小于 20 的原油。稠油通常黏度较高、颜色较深。
初探井：也叫野猫井，在距生产区相当距离的区域所打的井。
次生孔隙：岩石中次生的，不占主体的孔隙系统。比如在砂岩中，除了粒间孔隙外，可能还有次生的裂缝孔隙。

[D]

大鼠洞：钻台上的一个洞，用来放置方钻杆及水龙头。
导管架：海上平台的一部分，从泥线一直延伸到海面。
倒班：钻井倒班制度一般为 8 小时三班倒或 12 小时两班倒。
等浮电缆：海洋地震船后面拖着的装有检波器的拖缆。
低硫原油：含硫在 0.5% 以下的原油。
低渗油气藏：渗透率很低的油气藏。
地表地质：通过调查岩石露头来推断岩层地下形态。
地层：延伸面积很大的岩层。
地层构造：岩层的变形，包括褶皱及断层等。
地层圈闭：由于地层性质变化，而非变形所形成的圈闭。
地层体积系数：反映了地层流体在地层下和地面上的体积变化。对于原油来说，地层体积系数指的是单位体积地面原油在地下的体积。对于大多数原油来说，由于溶解气的释放及温度下降的原因，地面原油的体积要缩小，造成地层体积系数大于 1。
地壳：固态的地表。
地幔：地球中位于地壳和地核之间的部分，为岩浆喷出的源头。
地震技术：通过向地下发射并接收声波脉冲来认识地下地层形态的技术。
地震偏移：对地层倾斜进行校正的一种地震处理。
地震资料处理：对原始地震资料进行处理以利用其进行分析。地球物理专家利用巨型计算机对大量数据进行处理。

电测井：测量地层电阻/电导的测井。

电潜泵：一种采用井下电动机及多级离心泵的人工举升系统。

电阻率测井：测量地层流体电阻以确定流体饱和度的测井。

吊卡：钻井过程中用来提升钻柱的工具。吊卡卡在第一个钻杆的接箍处。

顶驱或动力水龙头：地面的水力马达，用来旋转钻杆。

定向钻井：以一定的角度钻井，而不是竖直钻井。特别是海上钻井，要在一个平台上打多口井，井底位置是分散开的。

动力定位：通过船体角上4个计算机控制的推进器来进行定位的系统。

段塞驱：一种提高采收率的驱油机制，水和其他物质交替注入。

断层：地壳上的裂缝，两盘发生了错动。

对流：热传递的一种方式，以密度差驱动流体流动。

多底井：采用水平井钻井技术从一个井筒钻的具有多个水平段的井。多底井的目的通常是为了增加与地层的接触。

[**E**]

二次采收率：二次采油得到的采收率。

二次矿区使用费：转包后，从承包商那里得到的收入基础上的固定比例提成。

二维地震：二维地震中，炮点与检波点在同一直线上。

二氧化碳驱：一种提高采收率方法。将二氧化碳及水以段塞形式注入地下以形成混相驱。

[**F**]

反凝析气藏：一种气藏，压力降低可以导致天然气在气藏中凝析出来。

方钻杆：钻柱最上面的一根钻杆。方钻杆的横截面一般为正四边形或正六边形，用于将转盘的旋转运动传递到钻柱系统。并不是所有的钻机都使用方钻杆。

防冲蚀短管：具有防砂蚀能力的油管。

防喷管：装在采油树上用来带压下入井下工具的装置。

防喷器：钻台下的一种安全阀机构，可以启动以封闭井口防止井喷。

非伴生气：无黑油纯气藏中生产的天然气。
分选：砂岩颗粒大小一致的程度。
风化：岩石在物理及化学作用下发生的破坏。
封堵弃井：用若干段水泥将井眼永久封堵以防止流体流出。
封隔器：一种井下工具，用来封闭油管或钻柱与井壁间的环形空间。
浮式生产油轮：用于开采海上油田的油轮。
俯冲带：两块大陆板块相撞，其中一块俯冲到另一块下面去的地带。

[G]

伽马射线测井：用于判断地层渗透率的测井方式。
干股：收入提成，无成本。
干井：不成功的井。可能见到油气，不过不能进行商业开采。
干气：脱水、脱酸及去除较重组分后的天然气。
供应船支持式钻机：供应船可以拖航至固定的生产平台并锚系。钻机通过特殊的吊装设备吊装到平台上。其他设施，比如钻井液罐、发电机、办公室、水泥搅拌装置及各种管柱等都放置在供应船上。通过管束由供应船向平台钻机供应钻井液及电等。
构造圈闭：岩层变形形成的圈闭，如褶曲或断层形成的圈闭。
管线配产：气井在管线压力降低的时候生产，管线压力升高的情况下关井。
过平衡：井筒中液柱压力大于地层孔隙流体压力的情形。

[H]

海退：海岸逐渐从海中上升露出。
含硫原油：含硫超过 2.5% 的原油。
含水饱和度：岩石孔隙中被地层水所占据的体积百分比。
含油饱和度：油占有的孔隙体积百分比。
黑油：颜色很深的原油（不包括凝析油）。
环形空间：钻井时，钻柱与井壁间的空间。也指油管与套管间的空间。
混相驱：一种提高采收率方法，向地层中注入能促成地层油和水混相的物质，以增加水驱的有效性。

火成岩：岩浆冷却凝结形成的岩石。
火烧油层：提高稠油采收率的一种方式，注空气到井底并点燃，然后燃烧带会向生产井移动，加热并降低前面油的黏度。
货币的时间价值：由利息产生的货币随时间增加的价值。

[J]

挤水泥：补注水泥作业。
加密井：在现有油井中间打的井，以减小油井井距。
间接加热炉：联合处理站中的一种加热炉，油流通过水浴加热的盘管被加热以消除乳状液。
胶结：碎屑岩中岩石颗粒固结在一起的方式。
绞车：钻机上用来卷绕钻井绳的滚筒，用来起下负荷。
接单根：通过螺纹将油管接在一起。
井壁取心：一种从井壁取得胶结疏松地层岩样的作业。
井架折叠式钻机：常见的陆上钻机类型。钻井任务完成后，井架折叠放下，钻机拆散成部件用卡车运往下一钻井地点。
井径测井：用来测量井眼直径的一种测井方式。
井控：钻井过程中对溢流进行控制以防止井喷。
井口：井口处在采油树下方，为油管和套管悬挂的地方。有时其所指也包括采油树。
井喷：钻井过程中，溢流得不到控制而可能发生的油气从井中大量喷出的事故。
静校正：地震处理的一部分，用以校正地表附近土壤、沙丘及冻土带等的影响。
救援井：地面措施失效时，在失控井附近打的一口井，用以向失控井井筒中注入水或水泥来对其进行控制。
聚合作用：小分子单体聚合而成大分子。
绝对所有权：对地面及地下矿藏同时有效的所有权。

[K]

开发钻井：在探井和评价井之后，在油田上打的井。
可控震源：一种替代炸药产生地震波的设备。可控震源车在预定地点从车身下方放下一个支撑机构，将整个车体支离地面，然后通过支撑机构的震动产生地震波。

孔板流量计：通过测量气体流经孔板导致的压力降来进行气体流量测量的流量计。

孔洞：岩石溶解形成的缝洞。

孔隙度：孔隙空间占岩石总体积的百分比。

孔隙压力：岩石孔隙中的流体压力。

矿区使用费：从某一特定油田区块油气销售收入中收取的固定比例提成。

扩张中心：扩张的地壳板块的生成区。

[L]

立根：三根钻杆单根接成。为了节省起管时间，不以单根卸下，而是以三根为一立根的形式卸开钻柱。

砾石充填：稳定胶结差的砂层以防其在生产过程中出砂的一种技术。

粒间孔隙：碎屑岩颗粒或岩屑间的孔隙空间。

连续油管：小直径、连续的油管，可以在带压情况下快速在井眼中起下。多用于油井作业。

联合站：油田原油集中处理、计量及存储的地点。

两相：指气液两相。

亮点处理：用于发现地下气层的一种地震处理技术。

裂缝孔隙度：裂缝所占的孔隙度。

裂解：将大分子分裂成小分子。

临界饱和度：油、气、水在地下形成连续流动的最小饱和度。

流体：在任何试图改变其形状的力的作用下都会发生屈服和流动的物质，包括气体和液体。

漏失层：渗透率异常之高的地层，在提高采收率驱油过程或钻井过程中大量吸收注入流体。

露头：岩层在地面露出的部分。

螺杆泵：一种抽油泵，以地面电动机带动抽油杆旋转，旋转的抽油杆带动井下螺杆泵的转子在定子中旋转将油抽出。

裸眼测井：下套管前在裸眼井中进行的测井。

裸眼井：未下套管的井。

[M]

煤层气：通过钻井从深层煤层中采出的甲烷气体。
密度测井：用来测试地层孔隙度的一种放射性测井。
面积集中：几家油田所有人将其所拥有面积合在一起，由一个作业者作业。每家按各自贡献的面积分成。

[N]

逆断层：挤压形成的断层，断层两盘相对运动形成。
凝胶：用于增加钻井液凝胶强度以携出岩屑的黏土。
凝析油：气藏状态下呈气态的液烃。
牛轭湖：由废弃的曲流河道形成的湖泊。

[P]

泡点压力：在油藏压力大于饱和压力时，油藏中没有自由气，只有溶解气。油藏随开采压力下降到泡点压力以下时，溶解气释放出来，形成自由气。
平移错动：两个大陆板块在同一平面上的错动，无垂直方向的相对运动。
平移断层：断层两盘只有水平错动的断层。
评价井：油田发现后，用来评价其范围的井。评价井特别用于海上油田以帮助确定平台位置。

[Q]

起下钻：钻井过程中，起出钻柱，更换钻头或其他井下工具，然后再将钻柱下入的过程。
气油比：生产出来的或溶解的天然气体积与油的体积比。
气饱和度：岩石孔隙中被天然气占据的体积百分比。
气顶：油藏中油以上的气，有气顶的油藏，其压力处于泡点压力。
气举：一种人工举升方法，通过向油井油管中注入加压天然气的手段将油举升至地面。
气体回注：用于提高反凝析气藏采收率而采用的一种开发技术。采出流体中的凝析油被分离出来并销售，剩余的气重新注入气藏。
签字费：在美国，作业者取得租区后按美元/英亩付给矿产所有者的费用。

欠平衡：井眼液柱压力比地层岩石孔隙压力低时的情形。

剥蚀：水流冲走岩石颗粒的过程。

清管器：以管线中流体推进的，进行管线内清理及检查的设备。

区域地质：在整个盆地范围内进行的地质研究。

曲流河：低坡度下弯曲的成熟河流。

取心：采用中空钻头钻出的柱状岩石样本，岩石样本在钻头之上的岩心筒中，起出钻柱后，可以拿出岩心。

圈闭：可以聚积油气的地质特征。

[R]

人工举升：通过外加能量将井底的原油举升至地面。

日费用钻井合同：作业者向合同者按美元/天支付钻时费用。

溶解气：原始地层压力及温度下以液态而非气态溶解在原油中的天然气。

溶解气驱：原油依靠溶解气鼓胀为能量进入井筒的驱油机理。

软岩石：沉积历史短、胶结疏松的岩石。通常在海岸地区钻井时钻遇。陆上岩石一般较硬。

[S]

三次采油：二次采油之后采用的提高采收率的技术。比如水驱后的二氧化碳驱。

三维地震：三维地震通过在震源周围布置多道检波装置的方式，可以取得比二维地震精细得多的数据。这些取得的数据可以用来建立地下的三维数值模型，分析人员然后可在工作站上以任意角度对这一模型进行切割。

三相分离器：进行油、气、水三相分离的分离器。

上覆压力：上覆沉积物重量造成的压力。

上游石油工业：勘探、钻井及采油。

渗透率：岩石孔隙间连通性的量度。

生长断层：沿着沉积盆地边缘的正断层。

声波测井：采用声波进行的一种地层孔隙度测井。

失控井：井喷失控的井。

石油：自然形成的烃类化合物。

石油气：一个大气压（14.7 psi）及 60 ℉的条件下呈气态的烃，包括甲烷、乙烷、丙烷和丁烷。

实际垂直深度：与测量深度不同，实际垂直深度指井眼在垂直方向的深度。

束缚水饱和度：含油气孔隙在经过彻底驱替后，在毛细管力作用下留在孔隙中的不可经驱替排出的水。

双层完井：在一个井筒内分采两个层。

水力压裂：一种增产措施。

水平钻井：水平方向的定向钻井。

水驱：一种提高采收率的方法，由注水井向地下注水，将地下原油驱往生产井。

水下完井：完井井口位于海底泥线上，而非海面平台上的完井方式。

水压驱动：一种油藏驱动机理，通过水的侵入保持地层压力。

四维地震：第四维指的是时间。对一个油藏进行定期的三维地震测试以跟踪驱替动态。

塑性：物质处于固态和液态之间的一种状态。塑性物质在压力下会产生流动。

碎屑岩：一种由岩石颗粒或碎屑组成的沉积岩。

[T]

探井：勘探阶段所钻的井，与油田发现后所钻的开发井不同。

套管：下入井眼的钢管，其与井壁间的环形空间用水泥封固。

提高采收率：类似水驱、二氧化碳驱及蒸汽驱等开采方法。

天然气：自然产生的烃类气体，主要为甲烷。

天然气水合物：一种天然气和水的化合物，看上去像是冰或雪，不过形成的温度要比冰雪高。在天然气未脱水前，要防止在诸如油嘴等处形成水合物堵塞。

天然气制油：将天然气制成汽油等产品。

烃类分子：由碳原子和氢原子构成的分子。

土地律师：美国的一种专业律师，从事油气作业租地法律业务。

[W]

外国雇员：在一个国家工作的外国公民。

弯头：按一定角度弯曲的一小段钻柱，用于钻定向井。
完井：油气井完钻后使其成为生产井的措施。
微生物天然气：微生物分解植物生成的天然气。
尾管：不延伸至地面的套管。
稳定器：水平钻井时采用的大直径贯眼钻铤。

[X]

下游石油工业：油气储运及炼油和石油化工。
相对渗透率：反映了油藏中存在的其他流体对某种流体绝对渗透率的影响。比如地层水的存在会减小油的有效渗透率，含水饱和度越高，则油的有效渗透率越低。
向上尖灭：岩性向上倾，方向逐渐由渗透性向非渗透性变化，从而形成岩性圈闭。
向斜：向下弯曲的褶曲。
小鼠洞：钻台上的一个洞，用以暂时插放准备接入钻柱的单根钻杆。
修井：井下修理作业。
循环漏失：指钻井过程中，钻井液漏失到漏失层中的情况。漏失层常常发育有裂缝，通过吸收钻井液阻止其循环回地面。

[Y]

压差卡钻：在钻井液柱压力与地层孔隙压力的压差作用下，钻柱紧贴在井壁上造成的卡钻。
压井：使井筒中充满一定密度的流体以平衡地层流体压力，防止其进入井筒的作业。
压裂砾石充填：用于稳定未胶结地层岩石的技术，用来防砂。
岩屑：由上返钻井液带出来的钻井产生的岩石碎屑。
岩性：岩石的类型。
盐丘：由从深部盐层向上挤出的盐所形成。
液化石油气：压力下保持为液态的石油气（丙烷和丁烷）。
液化天然气：在低温下液化的甲烷。
液态石油：一个大气压（14.7psi）及60 ℉的条件下呈液态的烃，包括戊烷及更重的烃。
一次采油：采用地层天然能量开采原油的开发方式。

异构化：在不增加或减少原子的情况下，改变分子的结构。

溢流：钻井过程中发生的油气藏流体进入井筒，替出其中一部分钻井液的现象。

硬岩石：钻陆地较老沉积岩时遇到的较硬岩石。较年轻的海岸沉积岩较松软。

油藏：自然形成的地下油气聚积。

油藏压力：油藏流体的压力。

油管：可回收的套管内管柱，用以作为油气产出的通道。

油苗：运移的原油在地面的露头。

油气分离器：处理站中的一种压力容器，油、气、水进入其中后，天然气从油、水中分离出来。

油嘴：采油树中可调大小的孔眼。用来控制井口压力以保护下游管线设备。

源岩：含有可以生成原油的有机质的岩石。

运移：油藏流体在浮力作用下，通过渗透性地层流动的过程。

[Z]

张力腿平台：一种浮式平台，以张力钢管柱系于海底。

震击器：通过向上震击来进行井下管柱解卡的井下工具。

振动筛：钻井过程中使用的一种地面设备，用来将岩屑从上返钻井液中分离出来。

蒸汽驱：针对稠油开采的一种提高采收率技术。从注汽井中注入蒸汽，蒸汽加热地层原油，降低其黏度，并驱油至生产井。

蒸汽吞吐：稠油开采的一种提高采收率方法。先向油藏中注几天的蒸汽用以加热油藏中的原油，降低其黏度，然后下泵采出加热降黏后的原油。如此循环重复。

正断层：一种张性断层，沿断层面的错动导致面积增加。

中途测试：在钻井过程中，对潜在产层进行试油。

中子测井：一种用来测量地层孔隙度的测井方式。

重力分异：依靠重力对流体进行分离，轻的浮在上面，重的沉在下面。

重力平台：一种海上平台，由混凝土制成，靠重力坐底。

转包：作业公司将合同区的一部分包给第三方并收取一定补偿的方式。

资料井：专门用来收集资料而非用于完井生产的井。

自动交接销售（ACT）：原油处理中心向外销售原油的自动化系统。

自然电位测井：用以判断地层渗透性的测井。

自升式钻机：一种海上钻机，腿朝天拖航到钻井地点后，支撑腿下放到水底将钻机船体支离水面。因为是底部支撑的，所以这种钻机的应用水深有限，一般小于 500 英尺。

钻进突变：钻井速度的突然加快，表示可能钻遇孔隙地层。

钻井报告：每天早上提交的前一天的钻井情况报告。

钻井船：动力定位、自行推进的船形钻井设备，用于深海钻井。

钻铤：钻柱下方的厚壁钻杆，用于增加钻压。

钻柱：钻机上从钻台延伸到井底的管柱，包括钻头及其他井下工具。

作业机：陆上移动式作业单元。

《石油科技知识系列读本》编辑组

组　长：　　　张　镇
副组长：周家尧　杨静芬　于建宁
成　员：鲜德清　马　纪　章卫兵　李　丰　徐秀澎
　　　　林永汉　郭建强　杨仕平　马金华　王焕弟